# 青年缪斯

## 浙江省博物馆

### 青年课题项目研究成果 **II**

◎ 浙江省博物馆 编

文物出版社

主　编　蔡　琴

副主编　项隆元

编　委　胡慧媚　季一秀

审　稿　项隆元

目录
Contents

**博物馆展览中的自然人机交互**（张枫林）

**第一章　绪　　论**………………………………………………001

　　第一节　研究背景　………………………………………001

　　第二节　文献综述　………………………………………004

**第二章　自然交互在博物馆展览中兴起的诱因**……………015

　　第一节　自然交互的兴起和发展　………………………015

　　第二节　博物馆自然交互兴起的诱因分析　……………020

　　第三节　小　　结　………………………………………034

**第三章　博物馆自然交互的特点和类型**……………………035

　　第一节　博物馆展览中的人机交互　……………………035

　　第二节　博物馆自然交互的定义和特征　………………039

　　第三节　博物馆自然交互的类型和实践　………………044

　　第四节　小　　结　………………………………………064

**第四章　自然交互在博物馆展览中的作用**…………………065

　　第一节　促进观众认知　…………………………………065

　　第二节　丰富观众体验　…………………………………075

　　第三节　增强内容传播　…………………………………081

第四节　建立沟通桥梁 ·························· 089

第五节　小　结 ······························· 095

**第五章　博物馆自然交互的设计和开发** ·········· 096

第一节　现状、原因和对策 ···················· 096

第二节　设计的总体框架 ······················ 100

第三节　基于传播内容 ························· 113

第四节　基于观众研究 ························· 118

第五节　基于技术依托 ························· 123

第六节　运营和管理 ··························· 132

第七节　小　结 ······························· 137

**第六章　博物馆自然交互的评估体系** ············ 138

第一节　评估体系框架 ························· 138

第二节　评估的内容 ··························· 142

第三节　评估方法分类 ························· 149

第四节　评估方法的应用 ······················ 153

第五节　小　结 ······························· 162

**第七章　结论和未来展望** ···················· 162

第一节　研究结论 ····························· 162

第二节　未来展望 ····························· 168

# 博物馆展览中的自然人机交互

张枫林 [1]

# 第一章 绪 论

## 第一节 研究背景

博物馆被视为全人类的宝库，储藏着各民族的记忆、文化、梦想和希望。随着新博物馆学理论和新技术革命的兴起，博物馆的发展潮流正在发生深刻的变化，涉及人们对博物馆本质和社会角色的认知。在"以人为本"的价值观指引下，博物馆工作者开始逐渐意识到平等为所有人服务的重要性。从以收藏为导向的"精品式"博物馆，到以教育为导向的"叙事式"博物馆，再到以体验为导向的"参与式"博物馆，当代博物馆正朝着多元化方向转变，并越来越注重人本思想，焕发出更加活跃的生命力。

博物馆已经不再局限于一个自我封闭的话语体系，而是需要向公众开放。它们不仅致力于向观众传达展示信息，还通过各种交互媒介建立反馈通道，主动吸引观众参与。如今，参与式展览已经不仅仅是热门话题，更成为博物馆努力实践的重点方向。这种展览形

[1] 张枫林：男，博物馆馆员，中国博物馆协会博物馆学专业委员会副秘书长。浙江大学文物与博物馆专业博士毕业，主要研究方向为博物馆艺术设计和科技应用。

式意味着博物馆致力于与观众建立更加紧密的关系，在展览过程中鼓励他们主动参与和共享。观众不再是被动的接受者，而是成为社区的一部分，他们可以参与到互动、解释和创造之中，从而赋予博物馆全新的意义和动力。通过参与式展览，博物馆不仅能够满足观众的各种需求和期望，还能够创造更加深入和丰富的体验，推动知识的普及和文化的交流。

随着新技术的不断发展，博物馆在向智能化方向迈进。数字化已成为现代化博物馆的一个标志。虚拟博物馆、数字博物馆、智慧博物馆等概念的出现，表明博物馆的交互形式正向数字智能化发展。然而，随着大量高科技产品的涌现，人机交互方式也在不断更新。这些变化为博物馆带来了机遇，同时也带来了挑战。博物馆在应用交互展示内容时必须谨慎选择。受到流行文化、快餐文化和商业文化的干扰，一些交互展示内容一味迎合观众娱乐化的浅层需求，可能会对博物馆公众形象产生负面影响。因此，在面对新技术的快速发展时，博物馆应该掌握主动权，有选择地应用新技术，并且不应盲目迎合观众的娱乐需求，以免偏离博物馆教育传播的主要目的。

自然交互技术作为一种受欢迎的新兴技术，为博物馆展览中的新技术应用提供了创新平台。在这种技术背景下，自然交互开始在博物馆展览中崭露头角，为观众提供更加丰富多样的参观体验。与此同时，博物馆学、认知科学、社会学等多学科的综合研究也为人类对自身和世界的认知理解带来了新的视角和深度，在博物馆创新和发展中发挥着重要作用。

研究表明，许多观众在当今的博物馆中不只满足于观看和倾听，还希望通过亲身参与来研究学习。这种变化也与当今社会的信息传播进入互动模式时代有关，参与和互动的理念深刻影响着当今博物馆展示的设计思路，使得交互式展览日渐普及，自然交互的广泛应用也成了博物馆展览发展方向之一。

博物馆自然交互是一种多通道的信息传输方式，具有自然性、高效性和隐含性等特征，有助于加强交互双方的联系。在当今社会，自然交互技术在日常生活中得到了广泛应用，如人脸识别、语音识别、手势控制、眼动跟踪等。我国博物馆自然交互的发展目前已从探索起步迈向初步发展阶段，特别是在一些自然科技类博物馆中得到了广泛应用。尽管如此，博物馆在实现自然交互技术应用时仍面临一些设计上的挑战。例如，在利用语音传达信息时，虽然可以更自然地呈现信息，但观众实际获取的信息仍然是固定的，缺乏个性化的反馈。为了提升自然交互的体验，可以考虑为交互设备引入带有自然语言处理功能的人工智能处理模块，以实现智能化的语音信息反馈。未来的发展中，还可以通过感知观众的音色、音调、面部表情和肢体动作等方式来了解他们的情感和心理状态。这将使交互设备能够更像真人一样理解观众的话语，并根据观众的需求提供个性化的信息传播方案。通过这种个性化的交互方式，博物馆可以更好地满足观众的需求，提供更加丰富、有针对性的参观体验。

从按钮、开关，到键盘、鼠标，再到语音、手势，博物馆自然交互让观众的操作更舒适自然。人工智能技术的应用使交互设备不仅具备听觉、视觉、触觉、嗅觉和味觉等基本感官功能，甚至能感知观众的情感，具备智慧大脑的特点。同时，得益于新技术和新材料，博物馆自然交互还能利用多种感官方式向观众传递复杂多变的展示信息，创造沉浸式效果，并为在博物馆知识传播和观众认知体验之间建立更加便捷的双向信息通道提供无限可能。

"博物馆自然交互"是指在博物馆展览中应用自然人机交互的方法。本文以构建合理完善的博物馆自然交互设计方法论为目标，对博物馆自然交互的诱因、作用、特点、设计、运营和评估体系进行初步系统研究，结合实践经验，探讨博物馆数字化展览、自然人机交互展项、博物馆可持续发展等相关话题。本文旨在探讨如何将博物馆交互式展览的理念与自然交互技术的应用相结合，重点关注我国博物馆自然交互的设计、实践与评估体系。从阐述博物馆自然交互方式的特点、技术框架、技术模态和成功案例等相关内容，再到展示内容、观众体验、技术依托三个层面，论述博物馆自然交互的作用机制、设计方法、运营管理和评估体系，试图为我国博物馆领域的自然交互的设计和评估提供一个可以参考的应用手册，促进博物馆自然交互技术的应用和发展。

# 第二节　文献综述

计算机在博物馆应用至今不过 50 年时间，我国于 1984 年由上海博物馆率先开始将计算机应用于博物馆实务。20 世纪 90 年代开始，互联网数字博物馆系统在展陈中得到广泛应用，博物馆利用展品数据库与 web 服务创建网络化平台，为参观者提供简单的网上浏览服务。1997 年，凯瑟琳·琼斯 – 加米尔（Katherine Jones-Garmil）在《有线博物馆：新兴技术与变革范式》一书中提出"利用网络的互动潜力，将艺术博物馆向参观者的单向信息流转变为从参观者到博物馆的双向流动"[1]。

20 世纪 90 年代中后期至 21 世纪初，博物馆展览数字化技术与形式都得到快速发展，博物馆开始运用展品的三维显示、场景的漫游控制等技术。罗斯·帕里（Ross Parry）在其著作《数字时代的博物馆》中提出了"数字遗产"的概念，探讨了数字化博物馆的特征与发展，以及数字技术在博物馆展陈中的应用[2]。鲍蒂斯塔（Bautista）和苏珊娜（Susana）着重研究了数字时代博物馆的社会功能，提出："由于新的数字技术提供了更多参与、娱乐的机会，21 世纪博物馆在减少知识差距和平衡知识方面发挥着核心作用。"[3] 21 世纪以来，人机交互技术的发展已进入自然交互时代，高性能图形加速卡、高性能 PC、投影机、虚拟现实设备等在博物馆数字化陈展中得到了广泛的应用。自然交互的应用和普及逐渐增强了博物馆展览的互动性和体验性，很大程度上提高了博物馆展览的人气。我国对于计算机在博物馆的应用研究起步较晚，李文昌在 2008 年发表了《发展中的中国数字化博物馆》一文，主要讨论了中国博物馆的数字化与数字

[1] Katherine Jones-Garmil, *The Wired Museum: Emerging Technology and Changing Paradigms*. New York: American Alliance of Museum Press, 1988.

[2] Ross Parry, *Museums in a Digital Age*. London and New York: Routledge, 2010.

[3] Bautista, Susana Smith, *The Social Funtion of Museums in the Digital Age*. Oxford: AltaMira Press, 2009.

博物馆的问题[1]。

20世纪60年代，美国学者沙克尔（B. Shackel）、里克里德（Liklider）关于人机工程学和人机用户界面设计方面的研究，启发了人机交互研究的发展。20世纪七八十年代，人机交互学科逐渐形成自己的理论体系和实践范畴，之后的几次重大理论和技术突破，为自然人机交互技术的发展奠定了基础。

首先是人机交互设计领域的重大突破。美国认知学科创始人、工业设计界领袖唐纳德·诺曼（Donald A. Norman）重点关注人机交互设计，创造性地提出"以人为中心的设计"理论，强调设计要考虑可用性、易用性和情感影响因素等，以用户的需求和体验为导向，其代表作《设计心理学》成为人机交互设计理论的奠基之作。他在《情感化设计》一书中强调情感在人类理解世界以及学习新事物方面的作用，提出了从"内在的、行为的、反思的"三个维度对用户体验进行感知和评估的理念[2]。

其次是"普适计算（Ubiquitous Computing，简称Ubicomp）"和"宁静技术（Calm Technology）"的概念，引领了自然人机交互界面设计的理念创新。1988年，美国施乐公司的马克·威瑟（Mark D. Weiser）提出"普适计算"的概念，强调和环境融为一体的计算。1991年，马克·威瑟发表了论文《21世纪的计算机》，提出了"宁静技术"的概念，指出技术应无缝地融入人们生活的方方面面，并预言了iPhone、iPad和Micorsoft Surface等设备的出现[3]。在这一理念的引领和指导下，手势交互、语音交互、多模态交互、脑机交互、AR交互等交互方式成了自然用户界面设计的主攻方向。

再次是人机工程技术和图形用户界面的发展。1960年，泰德·尼尔森（Ted Nelson）提出超文本（Hypertext）的计算机处理文本信息的方法，成为人机工程技术的重大突破。之后他又提出"超媒体（Hypermedia）"等概念。恩格尔巴特（Douglas C. Engelbart）发

---

[1] 李文昌：《发展中的中国数字化博物馆》，《国际博物馆》2008年第1期。
[2] Donald A. Norman, *Emotional Design*. Montana: Betascript Publishing, 2010.
[3] Mark D. Weise, The Computer for the 21st Century. *Scientific American*, 1991.

明了鼠标，并在 1995 年国际计算机学会（Association for Computing Machinery，简称 ACM）的会议上提出了"增强人类智力的概念框架"，即把计算机作为"人类智慧放大器"，并提出了超媒体设计原则 [1]。他领导的斯坦福国际咨询研究所开发了超文本系统、网络计算机以及图形用户界面。1997 年，荷兰的万·戴蒙（Van Dam）提出"Post-WIMP 界面" [2] 的概念，用以提高人机交互的带宽，使交互过程更为自然，标志着用户界面进入了以交互为中心的后 WIMP 时代。国内也在开展基于 Post-WIMP 界面的新型交互技术研究，例如陈明炫等人提出了一种面向个人信息管理的 Post-WIMP 界面模型 [3]。

关于自然人机交互（Natural Human-computer Interaction）的研究于 1952 年起步，但真正得到快速发展是在 20 世纪 90 年代后期。到 21 世纪初，随着人机交互技术取得重大进展和高科技的快速发展，在"宁静技术"理念和行为学理论的指导下，人机交互设计向基于视觉、听觉、语言、表情、手势和动作等多感官、智能化、多模态（多通道）的虚拟交互以及人机协同交互等方向发展。从年度成果数和发表的论文来看，2008 年和 2013 年达到最热。自然用户界面设计已经成为学术研究和工程实践中的关键领域之一。丹尼尔·维格多（Danial Wigdor）和丹尼森·威克森（Dennis Wixon）合著的《勇敢的 NUI 世界：为触摸和手势设计自然用户界面》是最早一批归纳总结自然用户界面设计原则的图书，全面介绍了触摸和手势界面设计的原则、NUI 的教训、使用场景、隐喻和相关技术 [4]。

自然交互技术并不局限于多模态交互和人机协同交互，在游戏设计方面也有广泛的应用。例如，1998 年乔治·罗伯森（George

[1] Douglas C. Engelbart, Toward augmenting the human intellect and boosting our collective IQ. *Communications of the ACM*, 1995.

[2] Van Dam, A Post-WIMP user interface. *Communications of the ACM*, 1997.

[3] 陈明炫等：《一种面向个人信息管理的 Post-WIMP 用户界面模型》，《软件学报》2011 年第 22 期。

[4] Daniel Wigdor, Dennis Wixon, *Brave NUI World: Designing Natural User Interfaces for Touch and Gesture*. Morgan Kaufmann Publishers Inc., 2011.

Robertson）等发表论文重点阐述"三维用户界面"的优点[1]。他与马丁·范·丹奇奇（Maarten Van Dantzich）等人在一份题为《任务库：一个 3D 窗口管理器》的研究报告中，首次提出"任务库"概念，即使用交互式三维图形为任务管理和文档比较提供直接支持的窗口管理器[2]。报告用实践案例阐述了 3D 隐喻可以唤起空间记忆和认知。这项研究是自然交互技术层面所取得的重大进展。休尼克（Robin Hunicke）和勒布朗（Marc LeBlanc）的研究报告《MDA：游戏设计和游戏研究的正式方法》采用"机制、动态和美学"的框架来研究游戏设计[3]。2008 年，雅各布（Jacob）等人在意大利佛罗伦萨的 ACM SIGCHI 会议上提交了《基于现实的交互：后 WIWP 界面的框架》，提出了将交互建立于虚拟现实的各种方法，将由基于真实的交互与由技术带来的对表达力和效率性的增强能力进行了比较[4]，使自然交互在增强现实的研究领域获得了新进展。这些研究成果为自然交互在游戏领域的应用提供了重要的理论基础和技术支撑。

关于博物馆认知策展和互动装置的理论研究始于 20 世纪下半叶，当时基于工业革命的社会背景，各国都在倡导建设学习型社会。在博物馆社会化责任意识的指引下，博物馆专业人士开始关注目标服务群体，针对观众的科学研究，关于观众参与和学习、学习与教育等理论模型的研究趋于成熟。乔治·海因（George E. Hein）1991年出版的《建构主义学习理论》成为博物馆与观众创建新型关系的理论基础[5]。很多学者重点围绕博物馆观众行为方式、认知特点及

[1] George G. Robertson, et al., Data mountain: using spatial memory for document management. *UIST'98: Proceedings of the 11th Annual ACM Symposium on User Interface Software and Technology, San Francisco,* 1998.

[2] George G. Robertson, et al., The Task Gallery: a 3D window manager. *Proceeding of the Chi,* 2000.

[3] Robin Hunicke, Marc LeBlanc, Robert Zubek. MDA: A formal approach to game design and game research. *Challenges in Games Ai Workshop,* 2004.

[4] Jacob R. J., et al., Reality-based interaction: A framework for post-WIMP interfaces. *Proceedings of the SIGCHI Conference on Human Factors in Computing Systems, Florence,* 2008.

[5] George E. Hein, *Constructivist Learning Theory.* Boston: Springer, 1991.

其变化等问题开展理论研究，取得了许多颇有建树的成果。例如，弗兰克（John H. Falk）和迪尔金（Lynn D. Dierking）以"游客的眼光"来看待博物馆，通过大量的调查访问数据探讨参观者的参观动机与行为、学习方式以及博物馆通过何种途径来增强这些体验的角色行为[1]。桑德拉·达德利（Sandra H. Dudley）从人类对物体的感知、情感和审美体验方面探讨博物馆参观者的积极参与和行为角色等问题，提出了博物馆与观众进行双向交互的方法[2]。帕里斯（Scott G. Paris）提出了"博物馆以用户学习为中心的视角"[3]。柏根（Benjamin Bergen）和费尔德曼（Jerome Feldman）结合生物学、行为科学等方面的理论研究提出"具身认知"学习理论[4]。基于这些原则，博物馆在展览策划和制定教育计划时，应当更多地考虑增加参观者与博物馆展品的互动，重新审视观众参观行为和对博物馆的信息反馈，形成博物馆与观众的双向互动。

在对博物馆学习和认知的系统研究中，很多专家从认知科学、认知心理学等视角开始着手进行研究。心理学家杰罗姆·布鲁纳（Jerome Seymour Bruner）创立了"认知结构理论"，推崇体验在学习过程中的重要性，是互动体验展览的理论依据[5]。皮亚杰将心理学成果引入认识论之中，提出了具有影响力的"活动中介论"、主客体相互作用论和认识活动中的双向建构论[6]。维果茨基的认知发展理论强调"社会互动在认知发展中起着基础性的作用"。威廉·詹姆斯（William James）在《心理学原理》一书中首创著名的"意识流"思想和情绪理论，提出"社会自我"的概念，是各种互动理论的重

[1] John H. Falk, Lynn D. Dierking, *The Museum Experience Revisited*. London and New York: Routledge, 1992.

[2] Sandra H. Dudley, *Museum Materialities: Objects, Engagements, Interpretations*. London and New York: Routledge, 2010.

[3] Scott G. Paris, *Perspectives on Object-Centered Learning in Museums*. Lawrence Erlbaum Associates Inc., 1988.

[4] Benjamin Bergen, Jerome Feldman, Embodied concept learning. *Handbook of Cognitive Science,* 2008.

[5] 晔枫：《"再现表象"的整合本质》，《晋阳学刊》1993 年第 2 期。

[6] 车文博：《西方心理学史》，浙江教育出版社，1998 年。

要基石[1]。莱恩（Lehn）则通过调查实证了"社会互动是人们审视、体验和理解博物馆展品的根本基础"的观点[2]。

另外，还有一些学者从认知策展和设计的角度进行探讨。克雷斯（Kress）首先提出"认知策展"的观点[3]，以将认知科学融入博物馆的艺术空间为目标，成功开发出一些互动性展品，这是对博物馆交互展览装置的开拓性研究。美国的南希·欧文斯·伦纳（Nancy Owens Renner）发表了《多感官感知：儿童的探索行为具有微观和宏观的组织结构》一文，探讨了儿童观看和学习的多感官体验，为设计互动展览装置提供了科学依据[4]。基于这些研究成果，博物馆应更多地考虑增加参观者与博物馆展品的互动展示，进而提高观众参观行为的产生意愿和效果的反馈，形成博物馆与观众的互动关系。

认知心理学、现象解释学、情境心理学、体验哲学等理论与当代博物馆的实践相结合，构成了博物馆自然交互实践的理论基石，为设计和实现自然交互提供了框架和原则。德国威廉·狄尔泰（Wilhelm Dilthey）的"生命哲学"，强调人的直觉和心理因素在生命价值中的超越性意义[5]。哲学家伽达默尔（Hans-Georg Gadamer）继承并发展了现象学解释，指出体验具有直接性，是人能够解释事物的现象并达到理解的前提[6]。瓦西留克则提出体验心理学的研究理论[7]。

体验经济的兴起，加速了博物馆展品的多感官参与、沉浸式体验、

---

[1] [美]威廉·詹姆斯：《心理学原理》，李红艳译，中国商业出版社，2009年。

[2] Lehn D. V., Embodying experience. *European Journal of Marketing*, 2013.

[3] Kress, Emily E., *Cognitive Curating: Using Brain and Behavioral Science to Design Engaging Art Exhibitions for the Everyday Visitor*. New York: Sotheby's Institute of Art, 2016.

[4] Renner N. O., Multisensory Sensemaking: Children's Exploratory Behavior has Organizing Structure at Micro-and Macro-scales. *The Annual Meeting of the Cognitive Science Society*, 2011.

[5] [德]威廉·狄尔泰：《历史中的意义》，艾彦、逸飞译，中国城市出版社，2002年。

[6] [德]汉斯·格奥尔格·伽达默尔：《真理与方法》，洪汉鼎译，商务印书馆，2007年。

[7] [苏]Ф.E.瓦西留克：《体验心理学》，黄明等译，中国人民大学出版社，1989年。

自然交互和直接参与等方面理论和实践的发展。20 世纪末，约瑟夫·派恩和詹姆斯·吉尔摩在《体验经济》中，提出体验可以被视为消费品而存在的理念[1]。阿尔文·托夫勒（Alvin Toffler）在 1970 年出版的《未来的冲击》一书中明确预言"服务业最终还是会超过制造业，体验生产又会超过服务业"[2]，如体验农庄、体验工坊以及各种模拟环境的建立。博物馆体验正在成为日常生活中重要的被消费的对象，观众已然不再满足于对博物馆展品以时间轴为流线的单一线性的阅读式参观，而期待能够参加多重组合的、多感官交互的、能够直接参与并获得沉浸式体验的自然交互式展览和相关的互动体验活动。

认知语言学和情境也与自然交互有密切关联，它们为开发交互式媒体技术提供了认知参照点，加深了我们对个体认知和心理的理解，促进了博物馆自然交互的发展和应用。

"隐喻"与"情境"是博物馆自然交互设计的理论基石。雷可夫和詹森通过考察语言概念的形成过程和机制，提出迥异于传统认知理论的"隐喻认知观"。一些认知语言学家认为："情感很大程度上是以建立在人类感知基础上的隐喻来表达的。"[3] 认知语言学的具身认知（Embodied Cognition）、百科全书式的语义学（Encyclopedic semantics）、意义就是概念化（Meaning is Conceptualization）、符号性（Symbolic）和基于用法（Usage-based）这五大理论假设[4]为交互式媒体技术发展提供了认知参照点，是交互式媒体技术发展的理念基础。

近些年，认知语言学出现了"社会转向"的趋势，越来越多的语言学研究开始关注语言的"社会维度"[5]。吉雷厄茨和库伊肯斯明确把语言的社会维度研究纳入认知语言学发展的第一方向，强调认

---

[1] [美] 约瑟夫·派恩、詹姆斯·吉尔摩：《体验经济》，机械工业出版社，2002 年。

[2] [美] 阿尔文·托夫勒：《未来的冲击》，蔡伸章译，中信出版社，2006 年。

[3] 罗晓燕：《英汉"嫉妒"情感隐喻的体验哲学和文化阐释》，《北京第二外国语学院学报》2010 年第 186 期。

[4] [英] 维维安·埃文斯、梅勒妮·格林：《认知语言学导论》，世界图书出版公司，2015 年。

[5] 苏晓军：《认知语言学的社会转向》，《外国语》2009 年第 32 期。

知语言学研究应充分考虑文化环境和语言的社会交互性，表明认知语言学在关注个体认知和心理的基础上已开始转向兼顾考察语言的社会、文化因素，进而形成"语言—文化—认知"三位一体的研究模式[1]。美国麻省理工学院 MIT 媒体实验室情感计算研究组创始人萨琳德·皮卡德（Rosalind Picard）教授于 1997 年提出"情感计算"的概念，她的研究方向包括多维信号建模、计算机视觉及模式识别、机器学习、人机交互和情感计算等。2013 年，她在第 15 届 "21 世纪的计算"研讨会上作题为《由情感计算带来的惊喜发现》的演讲，指出："我们的情感时刻影响着行为，大脑模式如何映射到皮肤的不同位置以及情绪变化如何在睡眠中影响我们的记忆和学习，这就是情感可穿戴技术带给我们的思索。"[2]自然交互基于多感官和触觉等多模态的交互设计，就是智能计算机模拟人的情境发生、注意力、感觉知觉、模式识别、信息输入、转换并做出反应、信息输出的过程。基于人工智能的自然语言识别处理技术的重大突破更是让博物馆自然人机交互的发展如虎添翼。

关于博物馆自然交互的研究目前主要集中于设计实践运用方面，近年来国外学术界成果颇丰。英国研究者格雷厄姆·普林（Graham Pullin）致力于博物馆自然交互装置和展品的设计研究，于 2010 年出版了《策划和创新设计集：从社交手机到失去互动的博物馆及六把会说话的椅子》，介绍了他的创意设计和实践经验[3]。日本桐山隆志在 ACM "环境智能国际联席会议"上提交了研究报告《博物馆展品互动设计与分析》，讨论了两个在 2010 年为博物馆展览"自我定义"而创作的展品的设计与互动。其中的"指纹池"项目提供了一种利用指纹匹配技术查看指纹的新方法，让参观者对自己的指

---

[1]  Geeraerts D., Cuyckens H., *Introducing Cognitive Linguistics*. Oxford:Oxford University Press, 2007.

[2]  Rosalind M. Picard, Surprise discovery brought by Affective computing. *Computing the Universe,* 2013.

[3]  Graham Pullin, Statement of Practice: Curating and creating design collections, from Social Mobiles to the Museum of Lost Interactions and Six Speaking Chairs. *Design and Culture,* 2010.

纹产生情感认同感[1]。2012 年，意大利专家伊娃·彼得罗尼（Eva Pietroni）等研究者在 ACM 的一次国际会议上提交了报告《虚拟现实环境中文化遗产的自然互动及其对博物馆的影响: 伊特鲁里亚项目》。这篇报告以 2007 年欧洲文化项目 "伊特鲁里亚规划" 为案例，探索了可视化技术新的可能性。研究集中在手势新语法的定义上，提出了 "虚拟生态系统潜力" 这一基本概念，将基于身体动作的虚拟现实环境中的自然用户界面，首次应用于文化遗产的虚拟现实环境中新一代游戏的设计[2]。另外，针对自然交互的可视化问题，罗伯特·阿曼特在 2015 年 "IEEE 互联网计算" 会议上发表了题为《可视化系统的自然交互》的研究报告，重点介绍了机器人技术在博物馆领域的应用。将机器人作为数字故事讲述平台，提高了观众参观与体验的趣味性[3]。

在博物馆自然交互设计与评估方面，已经有一些研究者进行了重要的工作，为该领域的发展作出了重大贡献。利巴尔迪（Libardi）以评估体感设备在视觉化系统中的自然互动任务为重点，进行了设计与评估案例的研究[4]。针对博物馆展览的交互设计和评估效果，美国研究者杰西卡·罗伯茨（Jessica Roberts）于 2017 年提出了一种新的对话评分方法，以指导开放式博物馆的交互设计，并探讨了学习与对话的关系[5]。

[1]　Kiriyama T., Sato M., Design and Analysis of Interactions with Museum Exhibits. *International Joint Conference on Ambient Intelligence.* Springer Berlin Heidelberg, 2011.

[2]　Pietroni E., et al., Natural Interaction in VR Environments for Cultural Heritage and Its Impact inside Museums: The Etruscanning Project. *International Conference on Virtual Systems and Multimedia,* 2012.

[3]　Amant R. S., Natural Interaction with Visualization Systems. *IEEE Internet Computing,* 2015.

[4]　Libardi R., Traina A., Junior J., Design and Evaluation Case Study: Evaluating the Kinect Device in the Task of Natural Interaction in A Visualization System. *Culture and Organization,* 2014.

[5]　Roberts J., Lyons L., The Value of Learning Talk: Applying A Novel Dialogue Scoring Method to Inform Interaction Design in An Open-ended, Embodied Museum Exhibit. *International Journal of Computer-Supported Collaborative Learning,* 2017.

在博物馆自然交互的实践方面，美国巴鲁克大学教授艾莉森·格里菲思（Alison Griffiths）在《麻省理工学院传播论坛——反思媒体的变化：转型美学》中发表了《媒体技术与博物馆展示：适应与冲突的世纪》一文，对博物馆使用新技术服务展览的利弊进行了客观分析，探讨了视频和互动式系统所营造的再现环境是否能更好地表达展览主题和内容，以及网络信息化在展览设计中的应用和可能性[1]。

在博物馆自然交互的应用和效果领域，英国研究者辛德马什（Hindmarsh John）通过观众对使用互动艺术装置"鬼船"时的交互行为测试进行设计敏感性的研究，评估了与艺术装置交互的视觉效果和功能性[2]。葡萄牙马德拉大学学者佩德罗·坎波斯和安德烈·多里亚等人在《人机交互》杂志上发表《博物馆的互动性：基于传感器的装置的设计和比较》一文，探讨了传感器和物联网技术在博物馆自然交互设计中的应用前景[3]。美国麻省理工学院教授埃里克·克洛普弗（Eric Klopfer）等人提出了基于便携式设备的博物馆游戏设计理念和模型，将博物馆展览变得更具有吸引力和参与性，以吸引年轻人或儿童参观。他们在2005年"计算机支持的协作学习（CSCL）会议"上发表了论文《博物馆之谜：博物馆教育的合作游戏》，介绍了该游戏的设计和应用[4]。

我国对自然人机交互技术的研究起步相对较晚。清华大学从体势跟踪、动作识别和行为理解等方面对自然人机交互展开了研究。中国科学院软件研究所的秦严严等人则在以自然交互为中心的界面交互模型、用户界面工具、笔式交互等研究方向上做了大量工作，提出了笔式交互界面工具集 PIBG Toolkit 和面向个人信息管理的界面

[1]  Griffiths A., *Media Technology and Museum Display: A Century of Accommodation and Conflict*. MIT Press, 2003.

[2]  Hindmarsh J., Heath C., et al., Creating Assemblies:Aboard the Ghost Ship. *ACM Conference on Computer Supported Cooperative Work,* 2002.

[3]  Campos P., Dória A., Sousa M., Interactivity for Museums: Designing and Comparing Sensor-Based Installations. *IFIP Conference on Human-computer Interaction,* 2009.

[4]  Eric Klopfer, et al., Mystery at the Museum: A Collaborative Game for Museum Education. *Conference on Computer Support for Collaborative Learning,* 2005.

模型 PWPIM[1]。在 2020 年"计算与数据工程国际会议"上，中国学者郎旭杰、冯志全和杨晓辉提交了《基于体势感知的人—机器人的自然交互算法研究》[2]等论文成果。浙江大学鲁东明从技术层面总结出了数字技术对展览具有若干辅助作用 [3]，比如，网络展陈可以突破时空限制让更多观众参观展览，多媒体手段可以生动地揭示展品内涵与价值等，并发表了《敦煌石窟虚拟漫游与壁画复原》《基于形象语义特征的敦煌壁画检索》[4]等论文成果。林文安就数字化展陈中自然交互技术的应用研究发表了学术论文 [5]。

综上所述，博物馆自然交互是人机自然交互在博物馆的应用实践，其互动和体验的理论依据是认知心理学、认知行为学、现象解释、体验哲学和情境主义等相关理论。国外对自然交互的理论和应用研究已经比较成熟，理论方面的研究体现了多学科融合的特点，实践方面主要集中于博物馆自然交互设计的模型、交互设备和展品设计、增强现实与虚拟现实技术在展览中的应用等领域；展览评估方面的研究主要是结合案例对自然交互在观众认知方面的影响进行评估，以及针对用户体验、展项的实用性、有效性等评估。中国博物馆界主要开展了一些增强现实与虚拟现实技术展示、虚拟漫游等技术在数字化展陈中的辅助应用研究。有关自然交互在博物馆展览实践中的技术框架、特点、类型、作用、设计方法论、运营维护和评估体系等全面系统的研究还相当薄弱，仍需深入研究探索。

---

[1] 秦严严、田丰等：《以交互为中心的 Post-WIMP 界面模型》，《软件学报》2006 年第 4 期。

[2] Lang X. J., Feng Z. Q., Yang X. H., Research On Human-Robot Natural Interaction Algorithm Based On Body Potential Perception. *International Conference on Computing & Data Engineering*, 2020.

[3] 张玲莉、鲁东明等：《基于综合推理的构图知识生成模型》，《计算机辅助设计与图形学学报》2000 年第 5 期；鲁东明、鲍宏伟等：《多媒体文档协同编著系统的关键技术研究》，《通信学报》1999 年第 9 期。

[4] 鲁东明、潘云鹤：《基于形象语义特征的敦煌壁画检索》，《计算机学报》1998 年第 11 期。

[5] 林文安：《基于自然人机交互的博物馆数字化陈展模式研究》，哈尔滨工业大学，硕士学位论文，2012 年。

# 第二章　自然交互在博物馆展览中兴起的诱因

## 第一节　自然交互的兴起和发展

### 一、人机交互的发展

自然交互（Natural Interaction）是计算机科学与人机工程学领域前沿的人机交互方式，其兴起和发展是随着人机交互的不断演化而来的，通过计算机模式识别、人机交互技术和用户界面的更新换代等实现。

人机交互（Human-computer Interaction），也称人机互动，其定义在学术界尚无统一说法，目前普遍被接受的是国际计算机协会的定义："人机交互是关于设计、评估、实现供人们使用的交互式计算机系统并围绕相关的主要现象进行研究的学科。"

人机交互研究包括对系统、用户和技术之间互动关系的研究。系统可以是计算机系统及软件，也可以是其他各种设备。这种互动通过人机交互界面进行信息传递和交流。人机交互研究涵盖多个方面，例如人机交互界面的可用性评估、多通道交互技术、认知与智能用户界面（Intelligent User Interface，简称 IUI）、虚拟环境中的人机交互、群件（Groupware）、Web 设计（Web-interaction）、移动界面设计（Mobile and Ubicomp）等。卡罗尔（John M. Carroll）创立了以认知科学为核心的人机交互理论，其中包含人机交互的三个方法论认知原则，即场景认知原则、分布协同认知原则、设身认知原则[1]。

人机交互界面（Human-computer Interface）是指"人与计算机之间传递、交换信息的媒介和对话界面"。对于用户来说，人机交互

---

[1]　孙静：《卡罗尔人机交互的方法论认知原则》，《中国社会科学学报》2011年。

界面是可见且可操作的，是用户与交互系统进行对话的窗口。回顾人机交互技术的发展史，人机界面从最早的机器语言阶段，用户通过手工操作和依赖二进制机器代码来适应计算机，逐渐过渡到 20 世纪七八十年代的命令行界面，计算机与用户通过计算机语言完成信息的输入和输出，但这需要用户接受专业培训才能使用计算机，学习门槛高、使用效率低、信息表达抽象。直到 1973 年，施乐研究中心发明了图形用户界面，使用户不再依赖复杂的计算机语言，而是可以通过鼠标操作屏幕上的图形元素进行人机交互，这标志着人机交互技术进入了通过桌面窗口菜单和图形界面进行人机互动的时代，此阶段代表性电子消费产品为智能手机。

20 世纪 90 年代起，由于多媒体计算机和虚拟现实系统的应用，人与计算机通信的方式和要求发生了改变。Post-WIMP 界面以交互为中心，具有交互方式自然直接、交互带宽较大以及适应各种环境的特点。此阶段的代表性交互系统包括 iFlytek iFlyOS 和 Amazon Alexa 等。人机交互入门更加容易，应用范围更加广阔。用户可以解放双手实现交互，并借助人工智能的自我学习能力增强人机交互与内容服务的关联性。

21 世纪以来，随着人工智能、普适计算和模式识别等输入设备的普及，自然交互应运而生。基于计算机多感官输入模式识别和多通道交互技术，用户可以使用更自然的方式，如手势、声音和眼动等进行交互操作。这种交互方式通过多传感器的融合实现，具备非精确性、低负荷性和多感官性等特点。

## 二、自然交互的兴起和发展

自然交互（Natural Interaction）是一种通过智能用户界面和多通道交互技术实现的人机交互方式。其目的在于让用户以自然、流畅的方式与机器互动。这种交互方式通过赋予系统触觉、视觉、听觉、嗅觉等智能，使其能够整合多个输入通道的信息来理解用户的思维和交互意图，并做出实时反馈和处理，以实现人与系统之间的对话。

自然交互着重于用户体验，强调将用户置于交互设计的核心位置，以人为中心而非以机器为中心。

自然用户界面是一种无形的界面，能够提供智能和直观的交互途径。自然用户界面不要求用户事先学习交互逻辑和方法，而是通过语音、动作、手势、表情等途径与系统进行模式识别。它消除了冗长、琐碎的学习过程，使用户能够快速适应和掌握系统的操作。

自然用户界面的发展经历了不断演变和创新。20世纪90年代，史蒂夫·曼恩（Steve Mann）利用与现实世界的自然互动开发了许多用户界面策略，以替代命令行界面或图形用户界面。1998年，他成功设计出"自然用户界面（Network User Identifier，简称NUI）"，或称为"直接用户界面（Direct User Interfaces）"以及"无隐喻计算（Metaphor-free Computing）"。

自然用户界面的研究受到了广泛关注。2007年始，欧盟和国外许多知名大学、机构都启动开展自然人机交互领域的相关研究，并取得了重大进展，如微软、施乐、IBM。在消费科技产品领域，多点触控交互设计、动作捕捉、空间定位、语音交互等都强调直觉界面（Intuitive Interface），希望产品带给用户直观、自然的交互体验，不需要太多学习就能上手。例如微软公司发布的Kinect，整合了图片识别、视频捕捉和体感等多项技术，成为第三次信息化浪潮的代表产品。

情境化是人机交互研究中的新热点。在自然人机交互中，沟通的能力被定义为具备以下特征：自然沟通能力包括视觉、听觉、语音和触觉；主动沟通包括预期行为、提问以及及时的调整；有效沟通需要对情境变化敏感，能够理解用户的情绪和意图，对不同用户、不同环境和不同任务提供相应的反馈和支持。为实现这些特征，心理科学和认知科学在人类智能和情感研究方面的新进展发挥了重要作用。人机界面的"智能"不仅应该具备认知智力，还应该具备情绪智力，以有效地应对人机交互中的情境感知、情感与意图的产生与理解，以及回应等问题。

未来人机交互将向人机融合的自然交互方向发展。随着智能计算机对可交互信息的理解度以及可靠性提升，机器可以像人一样感知情感，与人发起主动交互，完成人和机器互相学习的融合交互。未来的人机用户交互界面包括实体用户界面（Tangible User Interface，简称 TUI）、有机用户界面（Organic User Interface，简称 OUI）、脑机界面（Brain-Computer Interface，简称 BCI）等，此不赘述。

回顾用户界面的发展历程，可以看出自然用户界面极大地拓宽了信息输入与输出的通道，降低了使用难度和认知负荷。自然交互过程中，用户可以直接利用身体输入信息，通过自然用户界面与智能设备进行交互。用户界面经历了从命令行界面、图形用户界面到自然用户界面的发展演变，呈现出由用户适应机器到机器不断适应用户的趋势，以用户为中心的自然交互已成为当下主流的发展方向（表1）。

表1 命令行界面、图形用户界面与自然用户界面的对比

| | 命令行界面 Command Line Interface | 图形用户界面 Graphical User Interface | 自然用户界面 Natural User Interface |
| --- | --- | --- | --- |
| 经典案例 | Microsoft DOS | Microsoft Windows | Apple iPhone |
| 输入带宽 | 低（用户指令） | 中（键鼠命令） | 高（用户信息） |
| 输出带宽 | 低（程序结果） | 中（图像声音） | 高（多维反馈） |
| 使用难度 | 高（重度训练） | 中（轻度学习） | 低（简单了解） |
| 主要特征 | 编码型（Codified）严谨型（Strict） | 隐喻型（Metaphor）探索型（Exploratory） | 直接型（Direct）直观型（Intuitive） |

用户界面的发展不仅体现在技术层面上，也体现在设计风格上。从像素化到拟物化，再到扁平化和微质感，各种全新的自然用户界面逐渐融入人们的日常生活。自然用户界面培养了一种全新的思维过程，帮助人们打开了新交互方式和交互应用的大门，技术不再成为用户体验的障碍，而成为优化用户体验的工具。

自然交互具有自然性特征。微软研究员比尔·巴克斯顿（Bill

Buxton）表示："自然用户界面利用我们人生中获得的技能，最大限度地减少认知负荷，从而减少做任务时分心的情况，更高效地实现目标。"[1] 自然交互的"自然"一词是基于个人感知和经验的主观术语。自然交互的优势在于让用户借鉴现实生活的经验，摆脱机器的束缚，无需花费大量时间学习即可上手。当用户熟悉计算机交互模式并理解规律时，就更容易获得愉悦的自然交互体验。约书亚·布莱克（Joshua Blake）将自然用户界面描述为用户利用现有技能进行适当交互的界面。因此，自然用户界面中的"自然"是指用户的体验，而非界面自身的特征。

自然与抽象是相对的概念。自然活动存在于人类的本能和思维结构中，例如使用双手抓握物体是一种自然的行为，而使用键盘则属于抽象的行为。一些具有文化渊源的活动也可以被视为自然的，因为它们在现实生活中非常普遍，通常被认为是从祖先那里继承下来的，例如指示性手势或特殊表情等。自然还意味着熟悉的常见事物。当我们受到刺激时，大脑会自动寻找相应的行动方案，当交互变得抽象时，则需要投入更多的认知努力。因此，我们通常需要通过借助真实生活中的隐喻来处理复杂抽象的问题，自然用户界面有助于实现这一点。

为了更好地理解自然交互与自然用户界面的概念，下面以人们常用的手机解锁方式为例进行阐述。手机解锁是一个典型的交互过程，根据出现时间，大致可分为三种类型：一是按键解锁、翻盖解锁、滑盖解锁的机械方式。这些交互过程尽管很自然，但并不是自然交互，因为用户是通过自己的努力按压按键、翻动手机盖或滑动手机盖进行输入，实际上是通过改变机械结构进行交互。二是滑动解锁、密码解锁、图案解锁的触屏方式。触屏解锁是自然交互，因为用户使用自己的手指在触屏上输入信息，与典型的自然用户界面进行交互。三是指纹解锁、语音解锁、人脸解锁等智能方式。指纹解锁、

[1]　Bill Buxton, *Sketching User Experiences: Getting the Design Right and the Right Design*. Morgan Kaufmann Publishers Inc., 2007.

语音解锁以及面容识别技术也是自然交互。用户可以通过按下手指、说数字或者瞥一眼摄像头来让手机识别到用户的信息，整个过程显得十分"自然"。这些交互过程中的自然用户界面不再局限于手机的虚拟界面，也包括融合了电容式传感器、超声波感应器、麦克风、人工智能芯片、深感摄像头等各种硬件的智能设备平台。

总之，自然交互作为新一代人机交互方式，以其交互沟通的自然性和智能化优势，在各行各业获得了广泛应用。在博物馆领域，自然交互的交互方式直接，使用场景多样，受到博物馆和观众的追捧。自然用户界面的多感官、多维度、智能化特点与当代博物馆展览表达阐释的多元、互动、情境、感知、体验等认知需求相契合。借助自然交互，观众可以探索古代遗迹、扮演电影角色、对话历史名人、畅游虚拟世界。这种沉浸式的交互体验能够降低用户与设备之间的疏离感，使观众能够获得更加顺畅的人机互动，从而带来更加丰富和愉悦的参观体验。

## 第二节　博物馆自然交互兴起的诱因分析

### 一、博物馆的三次革命

博物馆曾经历由封闭的藏品储藏室，到面向公众和社区开放的、观众可以主动参与学习、交流和信息传播的公众论坛的模式转变。国际博物馆协会博物馆学委员会前主席、荷兰博物馆学家彼得·冯·门施（Peter Van Mensch）曾论及博物馆的三次革命[1]，这三次革命改变了博物馆作为自由机构的实践目的、功能和使命。而新技术革命则带来了博物馆全方位的变革。

博物馆早期形态以被动阅读式的古罗马万神庙为代表。公元 3 世纪左右，托勒密王朝为女神缪斯修建神庙，即亚历山大城博物馆，成为博物馆最早的雏形。中世纪欧洲，博物馆主要收藏目标是宗教

---

[1] Mensch L. M., Mensch P., *New Trends in Museology*. Celje: Muzej novejše zgodovine, 2011.

文物及世俗文物珍品，工作重心在于收藏珍贵文物。这一时期收藏的文物不对公众开放。

15～18世纪，欧洲文艺复兴崇尚科学和人文主义思想，为近代博物馆的诞生奠定了基础。与此同时，工业革命改变了生产关系，职业生涯的多变性激发了人们对知识学习的渴望。人们开始关注博物馆藏品的审美和艺术价值，同时，机器大工业的发展也带来了产品质量的提升和品类的丰富。法国大革命促使民权思想解放，开启了卢浮宫大门向公众开放的先河，成为近代博物馆发展的重要里程碑。启蒙思想的传播促使英国牛津大学阿什莫林艺术和考古博物馆、大英博物馆率先成立开放，西方各国相继建立国家博物馆，并作为公民福祉向公众开放，博物馆开始把教育功能纳入其职责。这一时期博物馆被看作是处在象牙塔尖的"真理殿堂"，博物馆藏品和观众处于隔绝的封闭状态。博物馆的展览主要以分类思维加以组织，呈现方式多表现为连续的、一元线性的时间序列，博物馆的身份定位更多地表现为向民众灌输知识的传播者和施予者。

19～20世纪，博物馆完成了第一次从理论研究到实务操作的专业化革命。这一时期，出现了一大批完备的大型博物馆和专业机构，如史密森博物馆学会、美国大都会博物馆、日本国立科学馆等，对博物馆收藏、陈列、展示、教育等理论和实务的研究也趋于专业化。展览的组织方式在这一时期也发生了根本性的变化。例如，在英国举办的万国工业博览会吸引了数百万名参观者，成为展览组织方面的里程碑之一。1855年的巴黎世界博览会则是首个能全面展示人类文明成果的工农业和艺术博览会，标志着博物馆迈向单向参与式展览和展会的时代。

第二次世界大战后至20世纪70年代，以《魁北克宣言》为标志的新博物馆学和新博物馆运动，带来了博物馆功能和使命的第二次革命。出于对传统博物馆门庭冷落、日益被边缘化现象的批判和反思，新博物馆学针对博物馆以物的收藏为核心，以单一、线性、静态的分类展示为传播教育方式，提出了多手段、多媒介、多元互动的转变，这是近现代博物馆自出现以来重要的重组[1]。凯尔·安德生称之为博物馆"重置（re-inventing）"[2]。新博物馆运动促进了博物馆原有核心价值观念的转型，以收藏结构为核心的传统思维逐步解构，取而代之的是以人为本的文化介质观念。博物馆不再只关注收藏物品本身，而是转向关注制造和使用博物馆物品的人以及相关的社会现象。物质被看作展览的媒介，博物馆展览表达的沟通、教育和阐释价值得到了强化。

21 世纪初，以计算机互联网领域的 Web 2.0 为技术背景的"参与式博物馆"，引发了博物馆的第三次革命，其核心为参与式交互体验和参与式交互的建构。参与式文化成为时代的潮流。美国博物馆学家妮娜·西蒙（Nina Simon）系统阐述了博物馆"参与"建构的四个层次，认为参与式博物馆是"一个让观众能够围绕其内容进行创作、分享并与他人交流的场所"[3]。而自然交互作为一种更加自然和智能的人机交互方式，能够在观众和博物馆之间实现方便、多样且有效的互动，是构建参与式博物馆的重要途径，在博物馆展览中具有重要的应用价值。

## 二、博物馆本体论和身份的转型

邓肯·卡梅隆（Duncan Cameron）关于"博物馆究竟是神庙（temple），还是论坛（forum）"[4]的质问，引发人们对博物馆结构和目标等"本体论"认知和博物馆的社会身份界定的思考。第二次世界大战后，随着后现代主义和文化研究思潮的兴起，博物馆开始对已有展览和教育方式进行批判。同时，前殖民地地区的独立运动和种族平等运动也引发了对博物馆的反思。这些因素促使博物馆学

---

[1]　徐坚：《走出收藏史，走向思想史》，《中国博物馆》2015 年第 4 期。

[2]　Gail Anderson. *Reinventing the Museum: Historical and Contemporary Perspectives on the Paradigm Shift.* Oxford: AltaMira Press, 2004.

[3]　Nina Simon. The Participatory Museum. *CA:Museum 2.0*, 2010.

[4]　Cameron D. F, The Museum, a temple or the forum. *Curator: the Museum Journal*, 1971.

开始反思博物馆真理和规律的客观性和绝对性，重新审视博物馆的社会责任和身份界定问题。

国际博物馆界对博物馆定义一直存在分歧。一种观点认为博物馆需要一个定义来明确其性质，以美国博物馆学者乔治·埃里斯·博寇（George Ellis Burcaw）为代表。他在《新博物馆学手册》中指出："收藏是对现实世界的萃取"[1]，强调博物馆的基础在于其藏品，且这是博物馆存在的价值所在。博寇直言不讳地指出，大多数参观者来到博物馆是为了寻找快乐，愉悦身心，而不是为了学习。所以，博物馆工作人员面临的挑战是如何满足参观者的参与性和娱乐化需求，同时增强他们的理解力。对此，策展人不仅要注重内容的新颖性，还需注重表达阐释手段的多样化和与观众沟通的趣味性，注重故事结构和情节的戏剧性，加入悬念、高潮、和缓、幽默等元素，使观众在参观过程中持续感到新奇。

而另一种看法是反对给博物馆下定义，以英国博物馆学家肯尼斯·赫德森（Kenneth Hudson）为代表。持这种看法的人认为对博物馆的认知处于不断的发展中，无法用一个统一的定义来界定其身份。尽管如此，博物馆界还是不断地对博物馆进行定义和修正。例如日本 1951 年颁布的《博物馆法》把博物馆实务目的定位为"服务于教育、研究和娱乐等目的机构"；美国博物馆联盟（American Alliance of Museums，简称 AAM）的工作计划则将博物馆的目的描述为"教育和激励人们，滋养心智与精神，丰富生活并创造健康的社群"等。

国际博物馆协会（International Council of Museums，简称 ICOM）自 1946 年成立以后的 70 年间，对博物馆的定义进行过 7 次修订[2]。其中 2007 年的定义为："博物馆是一个为社会及其发展服务的、向公众开放的非营利性常设机构，为研究、教育、欣赏的目的征集、保护、研究、传播并展出人类及其环境的物质与非物质证据。"2019 年再

[1] ［美］乔治·埃里斯·博寇：《新博物馆学手册》，张云等译，重庆大学出版社，2011 年。

[2] 崔波、杨亚鹏整理：《博物馆定义大盘点》，《中国文物报》2017 年 10 月 25 日。

次作了修订："博物馆是用来进行关于过去和未来的思辨对话的空间，具有民主性、包容性与多元性。博物馆承认并解决当前的冲突和挑战，为社会保管艺术品和标本，为后代保护多样的记忆。"这次修订对博物馆功能的定位，在传统思维"收藏、保护、研究、传播"四大功能基础上，强调博物馆应提供平等的思辨对话空间，具有"民主性、包容性与多元性"，同时还应提供社交功能、教育功能、阐释多元文化、保护人类多样性记忆等功能，并将自然遗产（标本）一并纳入博物馆工作的范畴。

在2022年8月24日的第26届ICOM大会上，博物馆的新定义被通过："博物馆是为社会服务的非营利性常设机构，它研究、收藏、保护、阐释和展示物质与非物质遗产。向公众开放，具有可及性和包容性，博物馆促进多样性和可持续性。博物馆以符合道德且专业的方式进行运营和交流，并在社区的参与下，为教育、欣赏、深思和知识共享提供多种体验。"借用弗朗索瓦教授对博物馆定义的结构分析成果，新定义涵盖了法律要素、受益者要素、功能、工作对象、终极目的等内容[1]。博物馆的机构特征作为法律要素得到社会的广泛认同，具有"非营利性""公共性""公益性"和"服务性"等特点。

新定义反映了博物馆角色发生的重大变化，特别强调了包容性、社区参与和可持续性的重要性。在受益者要素方面，博物馆向公众开放的同时，更加关注社会人群能够平等享有博物馆的服务，强调"包容性、多元性和可及性"。在工作实务方面，博物馆的工作对象涵盖了物质与非物质遗产，其功能定位在研究、收藏、保护、阐释和展示的基础上，强调"社区参与"以及为"教育、欣赏、深思和知识共享"的目的，提供"多种体验"。博物馆不再仅仅是单一作为知识传播主体的信息输出方，而是提供了平等的对话和交流空间。观众不再是单纯的受众，还可以参与、互动、共享、体验。在终极目的方面，新定义还从社会发展的宏观层面提出："博物馆促进多

---

[1] 弗朗索瓦·麦赫斯：《博物馆定义的目标和问题》，《博物院》2017年第6期。

样性和可持续性。"

　　总体来看，国际博协以及当代学者的观点逐渐多样化，并开始更多强调社区和公众的参与、观众的体验、身心的愉悦、心智的启发、提供公共论坛和安全空间等功能。从对主客体的认知角度看，博物馆本体论认知越来越强调民主、多元、平等、开放、包容，同时表现出对社会的更多关注和换位思考。新博物馆打破了传统博物馆作为"真理殿堂"的角色，向着更具有思维开放性、多元化和重表达的公共论坛的方向演进。而自然交互技术的互动性、智能性等特点，正与博物馆在其社会责任与身份界定上的转变相契合，因而在博物馆领域具有十分广阔的应用前景。

## 三、新博物馆学潮流的推动

　　第二次世界大战后西方博物馆学研究受到了越来越多的关注，人们开始认识到博物馆在文化、文明和社会治理学等领域具有多种价值和意义。传统博物馆被批评为立于象牙塔尖的精英机构，存在智力隔离和社会边缘化的问题。20 世纪 70 年代斯坦斯基提出将博物馆学作为一门科学后，到 20 世纪 80 年代，博物馆研究开始关注新的理论和方法的应用，在研究中运用了结构主义、后结构主义、符号学理论等不同的方法，呈现出多学科和跨学科的特点。20 世纪 90 年代，受到新博物馆学和新博物馆运动的影响，行为博物馆学和反身性博物馆学兴起，博物馆学的研究重心从实践领域转移到对实务的批判性研究上，提出解构博物馆传统思维的观点。这种转变促使个人与集体的思考，打破了博物馆内与外的藩篱；鼓励多元发声，平衡对发达国家与第三世界国家的关注，进而推动了文化的平等。这一时期的观点还强调关注服务社会和社区人群，提出理论问题以促进真正的社会变革，同时要将自然、生态、城市和环境纳入整体性保护范畴。

　　英国文化人类学教授沙伦·麦克唐纳（Sharon Macdonald）评价道："理解博物馆需要超越学科内部的关注，而走向与其他学科更广泛的对话，走向和适应来自其他学科专长领域的问题、技术和方法。"[1]
其他学科的介入给博物馆研究带来了新的视野和认识工具，因为这些研究建立在多元化方法的基础上，并且具备成熟的理论和方法。国际博协以及民间博物馆社团组织的研究活动也相当活跃。博物馆学与其他人文学科、科学技术史等学科交叉融合，产生了许多相关的学科思潮，对博物馆产生了深刻的影响，而自然交互在当代博物馆的实践正是这些学科思潮引领推动下的产物。

与此同时，新博物馆学运动蓬勃兴起。第二次世界大战以后，受国际政治、经济和社会文化环境巨变的影响，外部世界呈现多元化格局。20 世纪 70 年代兴起的新博物馆学和新博物馆运动，像一针强心剂刺醒了博物馆，国际博物馆界出现了一系列新现象和新变化。博物馆加入了商业化和娱乐化项目来满足社会需要。博物馆类型和收藏范围大大拓展，工作对象不再局限于围墙内的可移动文物，而是将自然生态、建筑及其环境、非物质文化遗产等一并纳入整体性保护的范畴。更重要的是，这场运动促使博物馆认知和运作模式的整体性转型，引发博物馆核心价值和意义的重建，以及更深层次的博物馆与社会、博物馆与人、博物馆物与信息等各种关系的重组。

在新博物馆学研究思潮和新博物馆运动的推动下，博物馆本体认知论和相关的价值体系、观念等也发生了重大的转变：

1. 物质性文化观念发生转变，藏品的物质属性向文化属性过渡。传统博物馆坚持物质导向，即以"具有永恒的纪念价值的物质"为中心，强调"博物馆物"的本真性，表现为"圣物化"和"启蒙化"倾向。新博物馆从对博物馆物的关注转向对制造物质的人类及其社会的关注，仅将博物馆物作为展览媒介进行表达和阐释。因此，博物馆物从核心地位退居次要地位，表达和阐释成为博物馆的核心任务。

史蒂芬·康恩对于"未来的博物馆是否还需要物质"提出了质疑，

---

[1] Macdonald S., *A Companion to Museum Studies*. Blackwell Publishing Ltd., 2011.

对"物质的本真性"进行了讨论[1]。他指出,在一些非西方国家尤其是处于饥饿与贫困的第三世界国家,传统的以藏品为导向的博物馆建设发展策略受到严重阻滞。同时,战后的民权主义者和反殖民主义者越来越强调各国和地区之间的文化差异,呼吁保护非洲等地区的文化传统和多样性。因此,以物质为导向的认知论面临着严峻的挑战。

早在1930年,苏联博物馆就确立了博物馆陈列工作目的"作为陈列过程的新的要素,不是实物历史文物,而是辩证法的发展规律"[2],充分表明了博物馆展陈作为"教育的有效工具"的价值。在博物馆展览的价值阐释中,关注的重点已从物质本身,转向物质所携带的文化信息,而这些信息是多元的、互动的。这种物质观念的转变促使博物馆展示技术手段多元化,为自然交互等技术的应用提供了广阔空间。博物馆不再完全依赖于实物,而是通过展陈复制、物像、场景复原、交互模型、多感官自然交互等多种方式来呈现展览。更加注重表达阐释的信息导向型叙事、重组性展览成为当代博物馆的主流。

2. 表达和阐释呈现多元性,互动和情境成为博物馆再现的常态。詹姆斯·迪兹(James Deetz)将物质定义为"我们通过特定文化行为改造的物质环境的组成部分""物质就是文化"[3]。从这个意义上讲,"博物馆物"的核心价值和意义已发生了根本转变,博物馆展览的本质是实现教育、传播和娱乐等目的的媒介,博物馆物的核心价值是用于表达和阐释物质文化现象的介质。

伴随着博物馆物质性文化观念发生转型,藏品的物质属性向文化属性过渡。在博物馆"物质就是文化"的观念指引下,以博物馆物为灵魂的核心价值观受到挑战,博物馆物的本真性回归到生活的

---

[1]  [美]史蒂芬·康恩:《博物馆是否还需要实物》,傅翼译,《中国博物馆》 2013年第2期。

[2]  苏联博物馆学科学研究所:《苏联博物馆学基础》,博物馆科学工作研究所筹备处编译,文物出版社,1957年。

[3]  James Deetz, *In Small Things Forgotten*. Berkeley: University of California Press, 1977.

本真。在展览中，人们把关注的焦点从博物馆物本身转移到博物馆物所反映的"文化现象"。博物馆所反映的社会文化现象，涵盖了情感和记忆等多元、多维度、可感知的内容。因此，在展览中，博物馆物作为展览介质的功能得到尽情发挥，它可以以多元化的方式呈现物质或物像的信息，使器物导向型展览常常转化为信息导向型的叙事性、重组型展览。

在博物馆物作为展览介质表达信息的同时，表达和阐释成为策展人关注的重点。物质文化的多元化带来了信息表达阐释方法和技术的多元化，互动和情境成为博物馆再现的常态。而自然用户界面的多感官、多维度、智能化与当代博物馆展览表达阐释的多元、互动、情境、感知、体验等认知需求相契合，是顺应时势的产物。

3. 博物馆关系重组，博物馆作为多元和互动的社会工具而存在。新博物馆学运动的兴起，不仅促使博物馆物质文化观的转型、物质和真理核心价值观的重建、博物馆表达和阐释的多元、互动和情境化等变化，同时也带来博物馆各种关系的重组。

一是信息取代博物馆物，成为展览的关注重点。随着博物馆以收藏为灵魂的传统转向以表达思想传播文化为核心的价值观，博物馆物成为表达和阐释文化观念的信息载体或传播介质。在多元、叙事和重组性的展览中，策展人和观众更加关注物质或物像等所揭示的文化信息，而非物本身。这导致博物馆展览的收藏结构转向信息导向型。

二是博物馆与观众之间，由原先的主客体转变成更加平等的伙伴关系。艾琳·胡珀－格林希尔（Eilean Hooper-Greenhill）提出了"后博物馆"理论[1]。她把博物馆机构和参观者放在更为平等的地位，强调博物馆在促进社会理解中的作用，希望博物馆能成为全世界文化的共同空间。在当代博物馆交互式展览中，博物馆本体论认知发生了根本性变化，博物馆行为人和策展人更多地站在观众的立场，从观众的需求出发考虑展览的目的和功能，以谋求给观众带来最佳

---

[1] Hooper-Greenhill E., *Museum Education: Past, Present and Future*. London and New York: Routledge, 1994.

的效果。

三是博物馆和社会的关系由封闭变为开放，由内向转为外向。博物馆不再是传统思维中几乎与世隔绝的学术机构，而是具有自由思想的社会治理机构。在社会变革的背景下，新博物馆积极融入社会，研究重点由内在实务转向社会问题并寻求解决方案。同时，通过举办各种展览和相关的社会活动加强社会各阶层的沟通，促进社区人群间的理解，帮助消除社会矛盾，自觉承担起社会责任。

四是人逐渐取代藏品，成为博物馆研究的中心。传统博物馆以藏品为核心开展博物馆实务，而当代博物馆更加关注观众的需求。博物馆展览和相关活动的主旨、策略和呈现方式等，都必须考虑如何最大限度地满足观众参观学习、互动、体验、感知、理解、社交、娱乐等多元的个性化需求，提供订制式服务以改善观众的参观体验。这样的转变是为了实现展览的教育、传播和娱乐等社会公共服务功能。

在世界多元格局中，博物馆充当了多元、互动的社会工具的角色，阐释文化观念，融入社会治理。博物馆与观众之间的新型平等关系的建立，是自然交互在博物馆实践的前提。反过来，自然交互基于观众反馈的多通道交互方式，正好符合当代博物馆以人为本、贴近服务、贴近观众的认知实践和办馆方向。当代博物馆关注的不是技术方法而是最终目的，这些关系的重组都为博物馆自然交互的引入提供了坚实的思想基础和理论滋养。

## 四、博物馆化及情境主义

### （一）博物馆化拓展

希贝尼克·斯坦斯基在 1965 年首次提出了"博物馆物（Musealia）""博物馆性（Museality）"和"博物馆化（Musealization）"的概念[1]，在 1995 年总结了之前的理论并概括为"元博物馆学

---

[1] Zbyněk Z. Stránský, Museology as a Science. *Museologia*, 1980.

（Metamuseology）"[1]。斯坦斯基的博物馆理论超越了博物馆机构本身，关注人对世界的态度和二者之间的关系。"博物馆物"是"博物馆性"的载体，当人们辨识出物中的"博物馆性"，便将物从现实时空中抽离出来，通过收藏使之变身为"博物馆物"。"博物馆化"则是指博物馆工作中的选择、编汇和传播过程，即将物转化为"博物馆物"的行为与过程，其依据是物中所蕴含的独特的意义与价值，以及由此产生的情感与认知。

斯坦斯基的理论认为，博物馆物体现人类对于外部物质世界的独特的态度认知[2]。也就是说，物会在使用过程中渗透文化的、情感的要素，所以才叫"文物"。博物馆就是通过文物来沟通过去、现在和未来的。博物馆本身不是永恒的，但人类对物所蕴含文化的认知态度是永恒且稳定的。从这个意义上说，博物馆学可成为一门独立的学科。

严建强等学者在分析促使博物馆持续变化的各种原因时，重点关注了博物馆化拓展这一因素。他们认为："博物馆化拓展既是文明演讲、社会发展与观念变迁的产物，又是刺激与推动博物馆各个环节进行变革的直接动力。"[3]一方面，随着文明演进和社会变迁，观众精神得到成长，收藏主体发生扩张，当代博物馆的关注点从博物馆物本身的审美价值转向其背后所蕴含的精神内涵和记忆价值，从而推动博物馆化的拓展。另一方面，博物馆化拓展过程也带来了博物馆的一系列变革。包括物质与非物质、可移动与不可移动文物在内的文化遗产，连同自然与生态文明共同被纳入博物馆收藏与价值保护的视野，这些博物馆化过程极大地拓展了博物馆物及博物馆类型的范围。不仅如此，博物馆化拓展还对博物馆物的阐释提出了

---

[1]  Zbyněk Z. Stránský, Introduction à l'étude de la muséologie. *Destinée aux étudiants de l'École Internationale d'Été de Muséologie-EIEM*. Brno: Université Masaryk, 1995.

[2]  Bruno Brulon Soares, Provoking museology: the geminal thinking of Zbyněk Z. Stránský. *Museologica Brunensia*, 2016.

[3]  严建强、毛若寒：《博物馆化的拓展：原因、进程与后果》，《东南文化》2020年第2期。

新的要求。博物馆物由最初的收藏把玩、睹物思情，发展到现在的格物致知；博物馆展览由原先对物本身的关注，转向对背后文化现象的探寻。多元化的表达手段和呈现方式、观众的参与互动和体验等等，都是为了更好地发挥展览的传播效应，增强观众认知和丰富参观体验。

因此，当代博物馆的使命，就是运用各种技术手段来阐释物品背后的文化与情感的世界。传统博物馆展览以物为导向的单一线性模式根本无法满足多元文化和观众认知的需求，信息导向型、叙事性展览，情景化、多感官、沉浸式体验，多通道自然交互等呈现方式的综合运用成为当代博物馆展览和相关活动的常态。

（二）博物馆物的再情境化

博物馆物在展览中的情境再现是通过强调物品与展览场景的关联来实现的。博物馆化过程，就是将物品从其原本存在的环境和情境中分离出来，最终进入博物馆收藏的过程，也被称为"去情境化（De-contextualization）"过程。而博物馆基于再现目的，运用各种呈现方式进行创设、展示、修改乃至清除馆藏成分和属性的过程就是"再情境化（Re-contextualization）"过程。比如，考古中的出土遗物在被挖掘出来后，进入博物馆收藏，就脱离了它原生的情境，成为单个的静态的博物馆物。而根据遗物所蕴含的信息，在展览中还原其历史情境，就是博物馆展览的情境再现。

借助再情境化的方式，可以揭示每个物品内在所隐含的历史和文化信息，以帮助观众理解遗物背后存在的社会历史。比如，宋以前流行青瓷，元代流行青花瓷。青瓷衰落，元青花兴起，都是社会审美和各种关系造成的。交互系统也好，多感官也好，都是借助各种技术手段帮助观众更好地理解物存在的社会背景和各种关联关系的手段。博物馆展览的物本身就是从生活中提取出来的。再情境化就是把这些物重新还原到它所属的社会背景中去，让观众不仅仅看到一个物品本身，还能理解该物品所在时代的生活情况。这样的展览更加引人入胜。这些文化现象的再现更贴近真实生活，是动态、多维度且具有一定语境的。

观众进入展览的"现象世界"需要运用各种阐释手段。因为生活本身就是五味杂陈且生动活泼的，所以需要在展览中使用多感官互动体验。这就是今天的博物馆要在展览中运用各种交互方式进行阐释和展览呈现的缘由，也是自然交互技术在博物馆应用实践的根本动因。

## 五、社会外部环境的变化

首先，创新性学习型社会的建设推动了文博领域理论研究，进而促成了自然交互技术应用于博物馆的理论依据的诞生。

由于第二次世界大战后世界各国大量工人失业，经济需要重建，后工业社会对全民终身教育提出了迫切的要求。20 世纪下半叶以来，世界多元化、经济一体化趋势加剧，各国着力提升全民的素质和文化软实力。20 世纪 80 年代，美国、日本等发达国家提出向创新性学习型社会过渡的策略。

社会变革之下，博物馆积极承担社会责任，致力于解决社会问题并促进各阶层之间的沟通。为了解观众来博物馆学习的目的、行为方式和参观需求，国际博物馆界开展了大量关于观众认知方面的调查研究。其中乔治·海因 （George E. Hein）的《建构主义学习理论》是 20 世纪中叶以来引人注目的成果之一。它为博物馆和观众之间构建新型关系提供了理论基础，有助于博物馆和观众建立平等的伙伴关系，为自然交互技术引入博物馆领域打下基础。这些研究也促进了博物馆学、认知心理学和社会行为学等学科之间的融合发展。关于自然交互对认知发生作用的影响机制将在以后章节阐述。

其次，随着社会传播模式的重大变革，传播进入了全方位的互动化新境界，信息互动传播时代到来。

从口耳相传时代、书写传播时代、印刷时代、电子传播时代到如今的互动传播时代，每一次传播革命都对人类的社会交流模式造成颠覆性影响。传播速度越来越快，传播者、传播媒介、传播内容、接收者之间的界限日渐模糊。到信息时代，传播模式进入一种全维度的互动化新境界。

法国媒介学家雷吉斯·德布雷提出了"媒介域（Mediaspheres）"的核心概念，将人类文明史划分为三个不同的媒介域：文字（逻各斯域）、印刷（书写域）和视听（图像域）[1]。在当今信息化社会，传播媒介和传播内容的丰富程度空前碰撞，就像一次"信息大爆炸"。人们不再只是被动地接受信息，而是更加倾向于自主化、可选择的、互动体验的信息交互。这种趋势给人们的生活带来了颠覆性的改变。

1960年，美国传播学家戴维·贝罗（David K. Berlo）提出传播过程理论（也叫"SMCR"模式），强调在文化传播过程中，受传者和信息源之间建立双向反馈机制有助于优化传播效应。这一理论成为博物馆交互式知识传播的基础。

1964年，马歇尔·麦克卢汉（Marshall McLuhan）在《理解传媒》一书中对技术的本质进行了阐述："一切技术都是人的延伸。""每一项技术其实都是人类扩展自身愿望的一种表达。"新技术的引入会带来新的秩序，传播媒介的改变不仅更新了传播形式，还对人的思维方式和行为方式产生了深远的影响[2]。展示空间作为信息的传播媒介之一，当信息技术介入时也会产生新的展示空间秩序。博物馆展览中引入自然交互这一高效、智能的信息交互技术，无疑是满足多感官、多通道的交互式知识传播，建立一种全新的、富有生命力的展示空间秩序的现实要求。

## 六、观众自身需求的变化

首先，随着人们职业生涯的变化，博物馆需要满足观众对认知的新需求。在农耕社会，人们只需要掌握一门手艺，而工业社会的职业流动性要求人们不断学习多种职业技能。在后工业社会，科技

---

[1] ［法］雷吉斯·德布雷著：《普通媒介学教程》，陈卫星、王杨译，清华大学出版社，2014年。

[2] ［加］马歇尔·麦克卢汉著：《理解媒介：论人的延伸》，何道宽译，商务印书馆，2000年。

发展迅速，促使人们谋求发展和职业规划，从而提出终身教育的概念。为了获得更好的就业机会，越来越多的人选择进入博物馆学习新知识，希望在博物馆中获得继续教育的机会，以满足认知发展和自我构建的需要。博物馆作为非正式的社会教育机构，在社会教育和社会治理中自觉地承担了知识传播的作用，因此有了"在博物馆学习"的价值观。此外，博物馆的"精英化"色彩逐渐淡化，更加强调对公众的服务，成为主流文化的一部分。

其次，社会物质文化的发展导致人们对文化生活的追求呈现快餐化和泛娱乐化的趋势。在当今社会，物质世界高度发达，生活节奏也大大加快，信息传播的媒介域进入到视听（图像）的融媒体时代，多维度互动已成为主流的传播方式。人们的需求也发生了根本性的变化。观众参观博物馆不仅仅是为了获取知识，提升自己的文化水平，更重要的是为了放松心情、社交、娱乐和满足情感需求，甚至是为了寻求乐趣。自然交互在博物馆展览中的应用与观众互动和体验的需求变化是一致的，因此正好符合当前的需求。

# 第三节　小　结

自然交互是建立在智能用户界面和多通道交互技术基础上的新一代人机交互方式。其自然用户界面的多感官、多维度、智能化与当代博物馆展览表达阐释的多元、互动、情境、感知、体验等认知需求相契合。因此，自然交互在当代博物馆展览中的实践应用，绝非偶然。

博物馆自然交互兴起的诱因，可以从博物馆、社会环境和观众三个层面进行分析。在博物馆内部，博物馆的变迁及学科发展、对博物馆本体论认知与身份界定的变化、新博物馆学潮流的推动、博物馆化的拓展及情境主义倾向等多个方面，促使博物馆传统思维解构，进而促进了博物馆物质文化观念的重建和一系列关系的重组。展览是博物馆的核心媒介，而物质文化的多元性使得表达和阐释技术也呈现出多元和多维度的特点。在博物馆外部，社会环境正在发生变化。这主要来源于创新性学习型社会的建设以及社会互动传播时代的内在规律。此外，人们的发展与需求也发生了变化。这主要是由于各种因素带来了人们价值观和精神需求的改变，观众认知需求由知识的"自我建构"转变为更多地参与互动体验。

这三方面因素全都指向博物馆应更加注重观众的多元参与、互动和体验。博物馆自然交互的兴起正是这些因素共同作用下的产物。其中，主要的因素毫无疑问来自于博物馆自身。同时，科技创新也为博物馆展览媒介的变革提供了强大的驱动力，为博物馆自然交互技术应用实践提供了技术支撑。

# 第三章　博物馆自然交互的特点和类型

## 第一节　博物馆展览中的人机交互

### 一、博物馆交互式展览

"交互（Interaction）"一词在社会学概念中，是指人与人、人与社会、人与环境之间的互相作用。在传播学领域中，是指传播媒介与受众之间的信息交流。而在博物馆学领域中，交互的概念与社会学、传播学领域中人与人之间自然发生的互动关系既相关又有所区别。博物馆中的交互，是指利用藏品和技术手段，促进博物馆展示信息的传播与改善，从而建立观众与博物馆之间高效的信息通道。这种交互不仅是让观众参与到博物馆展览环境中，还涉及相互影响、相互交流和信息沟通。

陈列展览是博物馆最核心的文化产品，也是博物馆发挥公共文化服务功能的重要媒介。博物馆交互式展览是利用技术手段和展示媒介，旨在引导观众积极参与、互动和探索博物馆藏品和信息的一种展示形式。近年来，随着观念的转变和技术的发展，交互式展览在科学类博物馆中得到了广泛实践，并在艺术类、历史类等博物馆中越来越受欢迎，逐渐成为连接博物馆与公众的纽带。

博物馆交互式展览不仅注重教育功能的发展，还致力于为观众提供更具互动性和娱乐性的博物馆体验。有学者形象地描述了博物馆交互展览的作用："我听了，但我忘了；我看了，我记住了；我做了，于是我明白了。"博物馆交互式展览以观众为中心，鼓励他们积极与博物馆展览互动，从中获得知识和乐趣。观众不再被动接受展品所传递的信息，而是作为参与者与展品进行互动。通过感知和处理观众行为，提供视觉、听觉、触觉等多感官刺激的反馈，实现博物馆展览与观众之间的信息交流。

借助计算机技术和数字通信技术，博物馆交互式展览根据传播目的，对文字、图像、视频等各种展示素材进行处理，必要时结合声音、光线、电力等物理现象，利用丰富多样的展示媒介与观众进行互动。移动互联网终端和大数据云计算技术相结合，使其摆脱时间和空间的限制。观众以操作、游戏、扮演等方式参与展览项目，进行共同创作，通过亲身体验得出多元结论，既可以是与展览传播目的相符的明确主题，也可以是观众自身的独特理解和感受。

## 二、博物馆展览中的交互形式

在一个交互关系中，主客体互相作用。博物馆展览中，观众通常扮演着主体角色，而展览中的交互展项则是客体。目前的博物馆交互式展览中，主要存在三种交互方式，各有利弊。例如，在通过搭建原始房屋，来介绍新石器时代人类居住环境时，三种交互方式的模拟效果不尽相同。人工机械式的交互通过操作实体模型来进行体验；机电一体式的交互利用外力辅助人力完成搭建，具有引导作用；数字智能式的交互不仅可以在虚拟世界轻松搭建房屋，还能提供额外背景信息。下面分别对三种交互方式进行简单介绍。

### （一）人工机械式的交互

通常由外显的、简易的机械装置组成，需要观众施加外力才能做出反应。通过物理状态变化，传达与观众行为相关的语义信息。以关于蛇的装置为例，当观众操作手柄，蛇模型的牙和颚随之发生运动变化，直观地展示了蛇类如何利用牙和颚来吞咽食物。这种交互的方式和内容一般是预设好的，传递的信息相对固定和有限。

（二）机电一体式的交互

通常将机械自动化、微电子等技术有机融入展示装置中，具有程序化、自动化的特征，同时具有一定的审美样式和艺术效果。以像章打印机为例，观众选择像章样式后，设备由电力驱动，通过模具冲压合金薄片来制作像章。观众通过观察，便可了解像章制作的过程。这种交互装置具有独立运行的能力，内容通过精心编排，传递的信息相对精确和有序。

（三）数字智能式的交互

通常依托于计算机技术，采集观众信息并将其转化为数字信息，再根据设计好的交互需求进行整合处理，最后以多维度和多感官的展示形式呈现给观众。以遗址的虚拟现实展示为例，观众通过交互设备在遗址场景漫游，不仅能深入了解遗址现状，还可以看到虚拟的复原场景。由于具备信息处理模块，展示方式千变万化，所以传递的信息也相对智能与多样。

## 三、 博物馆展览中的人机交互

博物馆数字智能式交互的本质是人机交互（图1）。20世纪末到21世纪初，人机交互理论和技术逐渐被应用于博物馆展览。在博物馆展览中，人机交互可以接收观众的输入数据，利用计算机技术完成媒体编码、信息处理、数据存储等工作，并按照用户的要求和既定逻辑实现数据输出。

随着自然人机交互技术发展，当今的博物馆展览为人机交互提供了绝佳的应用环境和广阔的探索前景。常规博物馆的展陈方式或许不能为特定主题提供令人信服的体验，而在展览中运用人机交互，可以架设与观众对话的桥梁，为观众提供个性化的体验。在这种信

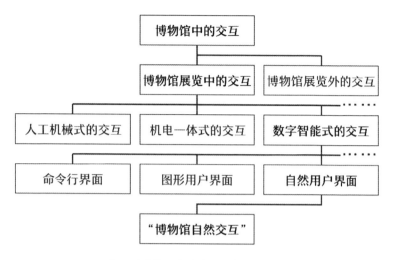

图 1 "博物馆自然交互"概念的范围

息传播过程中，博物馆由传统的单向信息传播者，变为同时接收观众信息反馈和指令输入的信息接收者，而参观博物馆的观众也转变为可积极参与互动的信息传输主体。

博物馆展览的人机交互技术综合运用了各种技术，具有跨学科的特点。其形式强调交互性，注重观众体验，信息输入输出多通道、多元化。博物馆中的人机交互不应由某一种具体的技术来代表，交互模式是解决问题的媒介，而不是问题本身，随着新媒介的广泛应用，新的交互模式也会不断兴起。因此，要让博物馆中众多的显示屏、传感器、摄像头、投影仪等硬件设备，与展示环境更友好地共生。

计算机这一客体，不同于其他物体，需要用户界面（User Interface，简称 UI）作为交互媒介来表达功能与反馈用户。"博物馆自然交互"与其他博物馆展览中人机交互的区别，就在于其利用的是自然用户界面。

# 第二节 博物馆自然交互的定义和特征

## 一、博物馆自然交互的定义

"博物馆自然交互（Museum Natural Interaction）"是博物馆展览中的自然人机交互的简称。它是观众凭借自身已有的知识经验和交互技能，直接利用自身的身体输出信息，以自然用户界面作为交互媒介，和博物馆展项发生的人机交互。

博物馆自然交互方式是多通道的、并行的。博物馆自然交互的信息输入与输出方式是多感官的。观众获取博物馆信息的途径由远及近，依次为视觉、听觉、嗅觉、触觉和味觉。视觉是占据绝对主导地位的交互途径，听觉也常作为辅助视觉的交互途径，视听通道占据了获取信息的大部分比重。同时，触觉可以模拟现实世界的真实感，利于塑造临场感，也越来越被广泛应用。嗅觉和味觉因为具有一定的私密性，在博物馆公共场合的表现具有一些限制，所以存在感较弱。除此之外，观众在行动时，也对自身的行为，包括运动和位置，有自我知觉，也就是本体感觉。观众接收到各种感官信息后，会产生相应的生理与心理感受，并做出相应的行动反馈。

博物馆自然交互的内容是智能的、非精确的。博物馆自然交互能识别用户、分析意图、高效处理、进行反馈。然而，"智能"的定义是模糊的，因为人工智能在理解人类方面也有一定的局限性。虽然人工智能可以借助机器学习达到超越人类的技巧水平，例如阿尔法围棋战胜最顶尖的人类棋手，但是再聪明的人工智能，也无法准确理解文学作品中的诗意和绘画的意境。在博物馆自然交互中，识别观众的情感状态，对于理解观众的思想和意图非常重要。要实现这一点，需要对观众进行定位与跟踪，识别观众的表情与姿势等，好比人与人交流时，总是注视对方，从对方的体态中理解情绪。总之，博物馆自然交互的目的是让机器通过不断学习更好地服务人类，而不是让观众不断学习来适应机器。与图形用户界面中人借助鼠标键盘输入相比，观众通过自然用户界面输入的信息并不是那么精确。

博物馆自然用户界面是直观的、易用的。它可以完成观众与计算机的多模态交互，有效降低认知负荷，让观众的注意力回归到任务本身或是展示信息。模态是指信息的来源或者形式。例如人的视觉、听觉、触觉、嗅觉等，信息的媒介（语音、视频、文字等），多种多样的传感器（红外、雷达、加速度计等）。以上的每一种都可以称为一种模态。

博物馆自然交互环境是沉浸的、仿真的。博物馆自然交互模拟的虚拟世界通常具备高度仿真的特征，使观众获得沉浸式体验，增强了体验的趣味性，并能有效集中注意力，降低随意或失误操作的可能性。此外，这也有利于预先的声光电特效的全面展现，让观众获得最佳的体验。

## 二、博物馆自然交互的特征

博物馆自然交互充分利用观众的直觉本能和已有经验来降低学习成本和认知负荷，最终达成有效传播展示信息的要求。博物馆自然交互的特征可概括为自然性、高效性和隐含性三点。

自然性。博物馆自然交互所强调的"自然（natural）"一词，主要是形容交互的过程和观众的感受。观众出于本能和直觉，或是利用已有的知识和经验与博物馆展示环境发生交互，使交互的过程显得自然而然。这种自然性有助于减少观众的学习时间、降低观众的认知负荷。博物馆自然交互注重用户体验，在交互操作层面力求"让观众不用思考"，以尽可能减弱观众与展示环境的疏离感。同时，博物馆自然交互要求具备通用性和可及性，交互界面顺畅无阻，适应不同年龄层次的观众需求，来降低观众对交互展项的疏离感和恐惧感，使博物馆交互展项具有亲和力。

高效性。博物馆自然交互开启了观众与展示环境进行信息交换的多种通道，具有更宽广的带宽和更多样的形式，充分激发观众的认知潜力。博物馆自然交互以牺牲精确性来换取高效性，追求展示内容对观众的"瞬时吸引力"和"自然易用性"，为的是以多感官刺激来满足观众在参观和互动中的学习需求。交互的高效性要求互动项目必须比单纯的知识灌输更高效，同时不能背离博物馆的展览主题和传播目的，否则就会让博物馆失去教育的主要功能，成为普通的游乐场所。

隐含性。博物馆自然交互的传播内容具有隐含性，需要观众通过主动参与互动和体验，发现和探索隐含的展示内容和上下文的关系。博物馆自然交互的设计围绕提升观众更深层次的需求来展开，从浅层的感官刺激上升到对传播内容的认知和自我价值实现的精神满足。观众在交互体验中不仅获得知识，满足建构性知识学习需求，还能在情感、社交体验等方面获得精神层面的愉悦享受，实现博物馆教育公众、传承历史、展示文化、建立社交平台和信息沟通反馈、扩大对外文化交流等方面的社会公共服务的职能。此外，博物馆自然交互注重透明、非侵入的感知模式，在交互过程中削弱设备的存在感，减少观众对于设备的依赖。理想情况下，观众不会在博物馆展览环境中发现传感模块和处理模块。博物馆自然交互应避免使用"炫酷"技术，注重传播效益，以减少观众在交互过程中的无效操作。

## 三、 博物馆自然交互的框架

博物馆自然交互以传达展览传播目的为宗旨，以观众的自然体验为设计目标，以多感官的人机交互系统为技术依托。交互流程包括信息的输入、信息处理和信息输出。在这个过程中，传感模块首先通过传感器来探测环境变化，获取观众信息；然后处理模块分析信息，识别交互意图并进行处理；最后效应模块驱动系统执行指令，做出反馈。传感模块、处理模块和效应模块共同构成了完整的技术框架。这些模块作为实体部件紧密关联，不宜单独设计和开发。

### （一）传感模块

传感模块主要依赖各种传感器进行感应识别和数据采集。在博物馆中，常见的传感技术包括基于计算机视觉的手势识别、体势识别、面部识别、眼球跟踪等；基于传感器的光敏、声敏、气敏、压敏、温敏传感器，以及混合型技术，如红外感应、多点触控、语音识别等。

传感模块能够识别观众的行为，首先判断观众是否在场，然后识别身份并观察行为，必要时定位观众的位置。在大数据和云计算的支持下，博物馆自然交互的传感模块已取得显著进步，系统可以轻松获取观众的各种信息。然而，观众隐私侵犯的问题也随之出现。观众通常希望保持匿名，因此在未经观众授权的情况下，应尽可能避免身份识别。数据采集过程必须简单、保密、安全，不应对观众产生任何不良后果。

传感模块不仅是博物馆自然交互的外设，更是系统的重要组成部分。传感模块的功能直接影响其他系统组件的顺利运行。只有保证观众能有效地输入信息，后续的交互才能顺利进行，并且产生有价值的结果。

（二）处理模块

处理模块对传感模块采集的观众数据进行智能处理，并通过分析和运算得出结果，向效应模块发出指令做出相应反馈。处理模块可以被看作博物馆自然交互的"智慧大脑"。处理模块的能力取决于其智能程度，对输入信息的理解程度决定了交互的类型。优秀的自然交互处理模块能让观众产生信任，使他们愿意放心交流，而不是面对冰冷的机器。

从个人电脑到大型服务器，来自传感模块的数据会被输送到系统的智能硬件设备中，其目的是让观众参与到更加仿真的互动中。现有的系统平台提供了丰富的软件工具和数据库，便于传感模块和效应模块进行对接。处理模块的开发与应用较为复杂，需要在各种因素之间进行微妙的权衡。优秀的处理模块能给观众带来巨大的附加价值。

（三）效应模块

效应模块是将处理模块的数字信号转化为观众能感知的形式并呈现出来的输出终端。其常见的应用是视觉输出，主要分自发光显示设备和反射光显示设备两类。

自发光显示设备主要有 LED 显示屏、LCD 显示屏、裸眼 3D 显示。LED 显示屏通过半导体发光二极管进行成像，通常采用框架结构设计，易于拆装和维护。LED 显示屏可以将一个画面分割为多个部分，随意组合使用，常常以大型阵列的方式在博物馆展览中应用。LCD 显示屏采用液晶技术，画面更加细致精致。在常规显示器之外，还有可穿戴的头盔显示器和手持显示器等设备，以丰富展览中的视觉信息呈现。

裸眼 3D 显示技术是一种交互式输出方式，观众无需佩戴设备，就能以立体形式观看普通的屏幕画面。裸眼 3D 显示技术可以通过光屏障方式和柱状透镜方式等多种方式实现[1]，其中柱状透镜方式是较为常用的技术方案。实现裸眼 3D 显示技术的过程可以概括为：摄像机组获取场景的多视点图像，根据映射矩阵和立体图像合成算法，在立体图像中复制相应视点图像的 RGB 值，完成多视点图像的融合。柱状透镜阵列将多视点信息分离并还原为多视点图像，并投射到不同位置的可视空间[2]。观看者的左眼和右眼分别看到相邻的视点图像，在大脑中恢复深度感知。然而，观众需要位于适当的位置才能获得良好的视效体验。

反射光显示设备主要是投影仪。随着专业投影仪的发展，影像的流明度和分辨率等参数不断提升，呈现出来的画面越来越清晰真实。博物馆目前采用的大屏展示系统包括弧幕、球幕和瀑布式地幕等多种形式。弧幕展示系统由数字内容、硬件（投影系统和播放系统）、系统集成（多组投影同步控制系统、无缝拼接系统和曲面处理系统）组成，可以分为不同度数的弧形，具有极强的体验感和沉浸感。球幕（半球）无缝拼接系统使用商用投影机和普通计算机搭建投影环境，消除了投影区域之间的接缝，创造出整体的视觉效果。

听觉输出设备主要是扬声器，通常与视觉输出设备一起使用。触觉、嗅觉和味觉的输出设备，则通常是经过精心设计和研发，以

---

[1] Inoue N., Glasses-free 3D display systems being developed at NICT. *Proceedings of the 12th Workshop on Information Optics, Santorini,* 2013.

[2] Gonzalez C., Martinez Sotoca J., et al., Synthetic content generation for auto stereoscopic displays. *Multimed Tools and Applications,* 2014.

满足特定博物馆展示主题的特殊装置。

# 第三节 博物馆自然交互的类型和实践

## 一、基于计算机视觉

基于计算机视觉的自然交互方式指通过摄像头及各类传感器来获得观众身体组织的信息，包括所处位置、特征形状、运动轨迹等参数，从而进行处理和反馈。基于计算机视觉的博物馆自然交互摆脱了传统交互模式的束缚，让人机交互成为一种无拘无束的自发行为，是博物馆自然交互最重要的发展方向。常见的技术包括手势识别、体势识别、人脸识别、眼动追踪等。

（一）手势识别

手势识别是利用传感技术或摄像机来捕捉观众手势动作信息，通过信息处理转化为指令，从而实现交互的技术，可分为静态手势和动态手势。观众的手势既可以是与说话并发的自发行为，也可以是出于舒适和平衡的无意识动作，无论哪一种，都能够传达观众的情绪和意图。由于手势交互具备学习成本较低、非接触式控制、丰富自然的交互动作等优势，因此受到了广泛的关注，在理论和应用研究方面都取得了重大进展，代表了计算机视觉与自然交互技术的发展趋势。

手势识别的主要步骤包括数据采集、特征提取、建模、信息分析和识别。其中，按照手势数据的获取方式主要可分为基于可穿戴设备的识别和基于计算机视觉的识别。基于可穿戴设备的手势识别目前已有较多成熟的产品和应用，如基于数据手套的手势交互。数据手套通过传感器获取手部的三维空间位置和手指动作等参数信息，进而进行手势识别，实现交互。虽然数据手套具有高精确和实时性等优点，但通常结构复杂、成本较高、应用不够灵活。基于计算机视觉技术的手势识别则是通过摄像机捕获手势图像，并利用图像处理技术对手势进行分割，将手势与背景区分开来，以便更准确地提取手势特征。典型的视觉手势识别设备包括 Kinect 和 Leap Motion 等。

手势识别通常采用肤色训练、直方图匹配、运动信息与多模式定位等技术来估算特征参数。识别方法主要包括模板匹配法、统计分析法、神经网络法、隐马尔可夫模型法和动态时间规整法等。尽管手势识别无需高昂的设备费用，但计算过程相对复杂，且识别准确率和实时性容易受到复杂环境因素的影响。手势识别具有直观性和自然性的优势。观众无需额外的设备或工具，只需使用自己的手势即可与展项进行交互，简单易用。这样的特点使得手势识别能够被绝大部分观众所接受，同时也能够提供很好的可及性和参与性。

（二）体势识别

体势识别即人体动作识别技术，通过特定设备对人体动作进行跟踪和数据记录，然后通过处理和分析数据来反馈观众的动作指令。体势识别主要分为外设附着方式和计算机视觉方式[1]。外设附着方式是通过外设的感应设备，对观众的动作信息进行收集。该方式虽然具有响应速度快和识别精确度高的技术优势，但也降低了交互的自然性，增加了额外的设备成本，不利于在博物馆中推广。计算机视觉方式是通过视频捕捉设备检测观众的运动图像，然后进行分析和处理，从彩色图像、红外图像等数据中提取出动作信息。相较于外设附着方式，该方式无需佩戴任何外加的设备，因此互动方式更为轻便、自然，对传感器设备的要求也更低，通常只需要摄像头或传感器，更适合在博物馆中推广应用。

体势识别包括动作捕捉、动作特征描述和动作分类识别三个步骤。动作捕捉需要借助特定的传感器设备对人体进行检测、跟踪和动作数据记录。动作特征描述根据不同动作设备捕获到的动作数据模型分为基于二维视频图像序列、基于深度图像序列以及基于三维人体骨架序列的动作特征描述等类别。动作分类识别方法主要包括模板匹配、状态空间分类和基于语义的识别方法三类。

---

[1]　Wang J., Xu Z. J., STV-based video feature processing for action recognition. *Signal Processing,* 2012.

### （三）人脸识别

人脸识别是一种能够将数字图像或视频中的人脸与面部数据库进行匹配的技术，通常用于身份验证，目前在智能手机、安检闸机、执法机构中得到了广泛应用。此外，人脸识别还可以根据给定图像测量面部特征。因为人脸识别涉及对人类生理特征的测量，所以被归类为生物特征识别。尽管准确性低于虹膜识别和指纹识别，但由于其非接触式的过程更利于在博物馆展览中推广。

尽管人类无需费力即可识别脸部，但人脸识别却是极具挑战性的识别模式。人脸识别系统通常是根据二维图像识别三维人脸，并通过光照和面部表情来识别细微的变化，大致分为四个步骤。首先将图像中的人脸从背景中分离。随后将提取出的人脸图像进行调整，包括面部姿势，图像尺寸、亮度、灰度、对比度等。之后对面部特征进行提取，实现对人脸特征的准确定位，包括对图像中眼睛、鼻子和嘴巴等特征进行精准测量。最后将已建立的面部特征模型与面部数据库进行匹配，完成整个人脸识别过程。

### （四）眼动追踪

眼动追踪是测量观众注视点相对于头部运动的技术，通常采用眼动仪来测量眼位和眼动。眼动追踪的设备差异很大，有些需要安装在头部，有些需要用固定装置稳定头部。这两种在博物馆的应用中都有明显的局限性。还有一种具备远程功能，可以在观众运动过程中自动跟踪头部，这种眼动追踪在博物馆展览中更有应用价值。

眼睛视线的运动通常分为注视和扫视。当眼睛注视停在某个位置和移动到另一个位置时，会产生一系列注视和扫视的扫描路径。通过分析这些扫描路径，可以了解观众的认知意图、兴趣和注意力等信息。一些生物学因素，例如性别和年龄也可能影响扫描路径。博物馆自然交互中的眼动追踪通常是出于可用性的目的，作为视线显示中的一种输入方法，也称为基于视线的界面，用来调查扫描路径。

### （五）基于计算机视觉的自然交互展览案例分析

美国克利夫兰艺术博物馆（The Cleveland Museum of Art）于1913年成立，1916年成为永久性画廊，以广泛收集欧洲和亚洲的艺术作品而出名，藏品涵盖从古代到现代各个门类的艺术珍品。克利夫兰艺术博物馆在 2012 年推出的"ArtLens Gallery"展览充分运用了先进的互动体验技术，意图借此帮助观众更好地了解博物馆的收藏，形成对博物馆展品的自我理解。"ArtLens Gallery"主要有四项互动内容，分别为互动展览（ArtLens Exhibition）、互动画室（ArtLens Studio）、巨型触屏（ArtLens Wall）和应用程序（ArtLens App）。其中互动展览（ArtLens Exhibition）是对基于计算机视觉自然交互的充分运用。

　　"摆姿势（Strike A Pose）"展项利用体势识别技术，让观众在模仿博物馆藏品的姿势过程中，了解器物的造型（图 2）。当观众摆姿势时，Kinect 运动传感器将记录观众的肢体数据，通过比对藏品的骨骼节点来计算准确度并给出评分。观众通过参与互动体验增强对展品的认知和记忆，同时从体验中获得新奇感、愉悦感等情感满足，增强了展览的直观性、体验性和趣味性。

图 2　克利夫兰艺术博物馆"摆姿势"展项

"做鬼脸（Make A Face）"展项利用人脸识别技术，用观众的表情来匹配相似的藏品（图3）。观众首先会在提示下，面对屏幕做表情，摄像头记录实时的影像，利用人脸识别将之与藏品数据库中具有相似面部表情的藏品进行匹配，最后展示相关的藏品。这种只需做表情，无需触碰与发声的交互方式，让观众可以通过表情与其他观众建立联系，从而打造出一个充满表演性、社交性和趣味性的展览。

图 3　克利夫兰艺术博物馆"做鬼脸"展项

"测眼神（Gaze Tracker）"展项利用眼动追踪技术，让观众了解自身在观看艺术品时的关注焦点（图4）。观众坐在显示器前经校准后，在15秒钟内观看馆藏的某件艺术品。眼动追踪能够准确记录观众的眼动数据，从而增进观众对藏品的理解。这个展项不仅会呈现观众观察艺术品时的扫描路径，还能显示观看时间最长的细节以及忽略的元素。等到互动结束，观众们可以阅读或聆听艺术家的构图思路、创意来源及创作过程。大数据还会显示所有观众关注点的位置分布和比例。

"测眼神"展项让观众审视与衡量自身如何观赏艺术作品，以及如何改善观赏策略，思考那些忽略的内容是否影响自己理解艺术品的内涵，从而提升自己的审美素养。同时这个展项也是兼具社交互动功能和信息双向反馈的趣味空间，很好地丰富了观展体验过程。

克利夫兰艺术博物馆希望通过"ArtLens Gallery"展览吸引更多的观众，为观众打造一个有趣的培养创造力的环境。由于基于计算机的自然交互技术在展览中被广泛应用，为了确保主题与硬件匹配，同时考虑到经费和灵活性问题，博物馆还特别雇用了一个视频及音频整合专员（AV integrator）在整个流程中进行协调工作。克利夫兰艺术博物馆为观众提供了利用自然交互技术与藏品交流的场域，让观众无障碍地接触和探索美术馆的藏品。

图 4　克利夫兰艺术博物馆"测眼神"展项

研究结果表明，"ArtLens Gallery"改变了用户的博物馆参观体验。整个参观过程不仅美观，而且充满好奇、趣味和互动。观众通过手脑并用和多感官参与互动，获得了更好的参观体验，在多感官接收艺术品信息时，潜移默化地提升了对藏品的认知。

## 二、基于听觉

语音相对于炫目多彩的图像，显得格外低调。尽管关于语音的基础技术积累时间已经超过了半个世纪，但直到近十年才广泛落地，在日常生活中普遍运用。与人脸识别这样的计算机视觉术语相比，语音的术语类似于技术标签，显得比较晦涩，比如自动语音识别、自然语言理解等，没有明确的场景，不利于技术的规模化应用。尽管如此，由于语音承载着人的思想和情感，还是无法被视觉完全替代。而声音信息可以增强甚至替代视觉体验，既可以被安排在背景中，也可以作为展示的主题。但由于在博物馆这样的公众场合，观众习惯保持安静，通常不乐于与机器对话，这在某种程度上限制了基于听觉的自然交互技术的推广。

（一）语音交互

语音交互是一种方便快捷、自然流畅的交互方式，支持观众通过语音与计算机交流信息，利用语音实现对设备的控制。语音交互采集观众的语音输入，然后利用自然语言处理技术负责解析和理解语音中的意图和意义，并根据指令执行相应的操作。由此，观众可以通过语音指令进行交互操作，获取所需的信息、参观指引或互动效果，如和聊天机器人聊天，获取多语种语音导览讲解、信息或与展品互动等。

语音交互一般包括自动语音识别、自然语言理解、语音合成输出三个主要环节。语音识别的原理是通过麦克风录入观众语音信号进行数字化采样后，利用语音识别技术将语音转化为机器能够理解的文本指令。这个过程是指语音信息处理模块利用有线性预测分析技术或MEL 频率倒谱系数技术，将语音波形中的语音特征序列转化为离散的矢量参数，并去掉噪音和失真等干扰信息。自然语言理解是语言信息处理的一个分支，将提取出的语音特征值与预先搭建的声学模型进行匹配，利用隐马尔科夫和人工神经网络等情感识别技术，主要通过人工智能来生成应答文本。语音合成即通过计算机算法把文本转变成语音，播报给观众，从而最终实现完整的语音交互过程。

（二）远场语音

在博物馆自然交互的应用场景中，远场语音交互技术（Far Field Enteraction）也是研究的热点，主要试图完善在博物馆这样的公共空间场景中，舒适距离内的人机对话。既不能太远，避免让观众提高音量，对其他观众造成干扰；也不能太近，以免冒犯观众。同时，舒适距离内的语音交互需要排除环境噪音和来自其他观众的声音干扰。

远程语音交互与空间关系学（Proxemics）有关。空间关系涉及两个人之间的空间距离，定义了他们在特定场景下的亲密程度，包括亲密距离（0～0.5米）、个人距离（0.5～1米）、社交距离（1～4米）、公共距离（4米以上）。通过社交互动，观众可以建立不同的空间关系，这取决于他们的心理安全感，是否放松以及是否希望社交。相较于和手机、手表与使用者这样亲密的空间关系，博物馆自然交互通常处在更为疏远的社交关系范围。

远场语音技术仍有许多难点没有突破，如环境噪音和人声分离等。如果解决这些问题，可以使自然交互系统的听觉感知能力超越人类。这不仅需要整个产业链的共同技术升级，如更先进的传感器、算力更强的芯片、更强的算法，还需要声学基础理论的进步与突破。

（三）基于计算机听觉的自然交互展览案例分析

位于美国华盛顿特区历史地标富兰克林学校内的世界文字博物馆（Planet Word）是一家语言文字类的互动博物馆，也是独树一帜的声控博物馆，于2020年10月向公众开放。该博物馆试图激发各个年龄段观众对单词、语言和阅读的热爱，通过独特的身临其境的学习体验，以及基于对语言艺术和科学的扎实理解，为观众提供了一个探索单词和语言的创新性的交互空间。在十个身临其境的展厅中，观众可以使用语音与展览互动，每个展厅都围绕着不同的历史或语言来组织。在展览中，观众可以同时听取来自不同国家的领导人、作家和日常生活的国际人士的声音，他们与观众分享了语言的意义。

序厅设置了一件声控展品，主题是"文字从哪里来（Where Do Words Come From？）"。观众站在麦克风前，面对一堵22英尺高的由1000多个各种尺寸的三维单词组成的"会说话的"单词墙。旁白会鼓励观众对麦克风说出甚至是喊出墙壁上的单词，随后便会突出显示某些单词，并使用动画让墙上的高亮词变得栩栩如生（图5）。这些文字还会"说话"并向观众提问，讲述这个单词的来源和简单历史，通过与观众的对话和一些灯光效果来分享英语的故事。

"口语世界（Spoken World）"展厅位于一个经过全面修复的大厅内，中央设有一个由4800枚LED灯组合而成的巨型地球仪。这

图 5　世界文字博物馆"文字从哪里来"展品

个巨型地球仪可以旋转，或收缩成饼状悬在屋顶，变成特殊活动的吊灯（图 6）。屋顶四周设有立式屏幕，向观众展示了六大洲的 30 种不同语言，其中许多是稀有或濒临灭绝的语言。屏幕上的面孔可让观众进行口头或手语的对话。比如在代表委内瑞拉的屏幕上，观众会听到人们说西班牙语的不同方式，然后他们将会接受说绕口令的挑战。

图 6　世界文字博物馆"口语世界"展厅

该馆对语音交互和远场语音技术进行了充分的运用。在 Siri 或 Alexa 智能语音助手（Smart Voice Assistant）的基础上，借助人工智能，设备能够自我学习并不断完善。此外，博物馆工作人员还会定期处理故障并更新系统，使其与观众的对话更加智能流畅。

## 三、基于触觉

基于触觉的自然交互为用户提供了"所见即所得"的自然交互体验，这种直观、高效的交互方式可以有效减少用户的认知负担和学习成本，在当代博物馆自然交互实践中占据了主流地位。基于触觉的自然交互主要体现为多点触控技术的应用和触摸手势识别两类。

（一）多点触控技术

多点触控技术包括触点检测和定位、手指触点跟踪、触摸手势的识别等环节。这项技术以观众的手作为交互控制的媒介，侧重于以自然化、生活化的手势定义来降低设备的操作难度。它允许观众使用多个手指同时进行操作，用户可进行单击，也可以用双击、平移、按压、滚动以及旋转等不同手势触摸屏幕，实现随心所欲的操控，增加了交互带宽和自由度，使得多人协同交互成为可能。

多点触控技术以触摸屏作为基本硬件触控平台，完成对同时多点信号的采集和对手势的识别。触摸屏作为一种特殊的计算机外设，其底层技术已经非常成熟完备，在当代的博物馆展览中已得到广泛应用。按照工作原理划分，触摸屏包括电阻式触摸屏、电容式触摸屏和基于光学原理的触摸屏三种类别。基于光学原理的多点触摸屏具有高扩展性、低成本和易搭建等优点，已成为目前最受关注的多点触控平台之一。

（二）触摸手势

触摸手势输入是通过定义具有一定语义的手势，来完成相应的点触、拖拽、圈选、画叉、缩放等操作的过程。触摸手势主要分二维手势和三维手势两种。在二维手势中，触点手势识别主要通过定位、跟踪，分析触点的轨迹，与预先定义的手势动作进行比对，识别出匹配的手势动作的含义，进而实现对移动终端图形界面的控制和操作。触摸手势则期望能够通过表征性动作来表达想法和预期的命令，与使用者的思维习惯更加接近。三维手势结合了手势输入和计算机视觉技术，是一种基于动态和变形手势识别的交互方式，可以是非接触式的。观众因此需要将手悬空，从人体工学的角度来说，这样容易造成劳累，所以要控制好交互的时间。基于大屏幕的三维多点触控技术，更能发挥多点触控的操控优势，符合博物馆自然交互的应用需求，能够完成更加复杂的操作任务。

### （三）基于触觉的自然交互展览案例分析

伦敦密特拉神庙（London Mithraeum）是英国保存最完好的罗马神庙之一，始建于公元 240 年，1954 年在对伦敦东部第二次世界大战期间被炸毁的建筑物进行挖掘和保护工作时被发现，随即引发公众的巨大兴趣。1962 年，英国当局决定将遗址搬迁至原址的百米之外。之后，彭博（Bloomberg）公司与伦敦市进行合作，欲将神庙重新安置回原处并恢复原貌。经过多年的保护和研究，在周密的遗址回迁和复原工作完成后，密特拉神庙在伦敦市中心现代街道下七米的原址位置重新向公众开放。博物馆总共有地下三层。地下一层展示了数百件在遗址中发现的古罗马时期文物。观众可以看到一系列陶器、金器、石器、骨器等文物规整地陈列在墙上，令人印象深刻。

在地下二层展厅，观众可以观看并且触摸半透明树脂制成的庙宇关键文物的等比例复制品，例如密特拉头像、公牛雕塑、神庙石砖等（图 7）。通过下方的触屏多媒体设备，观众可以了解关于密特拉神庙和密特拉教更为深入的信息。比如，密特拉在山洞里杀死了一头公牛，而神庙陷入地下的部分就代表着该洞穴。展厅的墙壁上通过光影动画展示了古罗马时期神庙周边居民的日常生活和宗教活动的场景（图 8）。观众还可以坐在后排的长椅上，阅读相关书籍，听专家学者分享这个古罗马神秘教派鲜为人知的故事。

通过黑暗的楼梯到达最底层，灯光由暗至明逐渐照亮整个房间。通过灯光、雾气的巧妙运用，在梵经、器乐组成的神秘背景声中观

图 7　伦敦密特拉神庙博物馆地下二层展厅

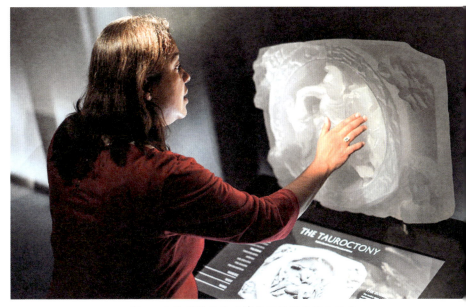

图 8　伦敦密特拉神庙博物馆触屏多媒体设备

看宗教典礼和祭祀活动，整个遗址展厅弥漫着独特的宗教氛围，为观众提供了沉浸式的观展体验。看着宏伟的复原遗址，观众仿佛回到了距今1800年的古罗马神庙中。凭借对触屏多媒体的灵活运用和身临其境的遗址复原，密特拉神庙博物馆在繁华都市中创造了一个与古罗马时期的伦敦相连的社区，观众在参观过程中不仅获得了多感官的互动体验，也增进了对考古的认识。

## 四、基于嗅觉和味觉

在20世纪，人们对听觉和视觉的生物学原理已知之甚详，但对嗅觉和味觉却知之甚少。有研究发现，人类理论上可以闻到约一万亿种独特的气味，但实际上没有人能对个体可分辨的气味数量进行估算，而人能品尝出的味道更是无穷无尽。毋庸置疑，人的嗅觉和味觉都是很精妙的感官。

在西方哲学史上，嗅觉和味觉通常被认为是主观的感受，受到长时间的冷落。康迪拉克（Condillac）在1754年的著作《感悟论》中认为嗅觉是最原始的，是各种感官中对思想贡献最小的一种。他认为气味对认识外界没有什么帮助，但会产生令人愉悦或不愉快的感觉，这些感觉影响着人们的喜好，而不是人们的认知。塞普蒂默斯·皮埃斯（Septimus Piesse）在1857年的著作中认为，在人类的五感中，嗅觉是最没有价值的。康德（Immanuel Kant）在其著作中很少提及嗅觉和味觉，他认为查看、聆听、触摸事物都需要"感知力"，但是闻气味和吃东西只涉及消化和摄取这样的与人体相关的生物体验，与前者截然不同。康德在其美学教条中将嗅觉和味觉排除在外，因为他认为嗅觉和味觉极大程度上受个体偏好影响，失去了审美要求的中立沉思。

嗅觉和味觉被认为是主观的感受，主要是因为它难以被客观地描述，也就是说，讨论嗅觉和味觉几乎无法让对方感同身受。为了能够尽可能有效描述气味和味道，塞普蒂默斯·皮埃斯以音乐音阶排列了气味，他是第一个将"音符"一词用于独特气味，并引入了"和弦""和声"等词来描述气味的人。他认为调香的过程就像是在谱曲，如果将与和谐的音乐对应的那些气味放在一起，就可以构成和谐的香气。而现代的一些研究者更多使用图表将嗅觉和味觉可视化，比较典型的是将气味排列在一个"色轮"中以进行描述（图9），但这是一个较弱的类比，因为气味与颜色不同，不会形成连续的"色谱"。

图 9　德国 Drom 公司开发的气味"色轮"

　　总的来说，基于嗅觉和味觉的自然交互在博物馆展览中应用有着极大难度和局限性。主要体现在：一是既很难持续存在，也很难被快速察觉；二是难以被精确描述，个体感受差异明显；三是数字化技术门槛极高，难以被标准化生成。但是，嗅觉和味觉与无意识紧密相连，在一定程度上超脱了表象，回归到原始，提供了一种新的直观思维模式，在一些博物馆展览的特定场景有着无可替代的作用。

　　数字化嗅觉和味觉是博物馆自然交互应用的一个新兴领域，技术上还尚未成熟，还有很长的路要走。近几年来，国内外的一些新兴公司已经在气味和味道的数字化技术和应用探索中取得了重大突破，为未来博物馆展览中嗅觉和味觉自然交互的应用提供了技术支持。

## （一）量化测量

美国生物科技公司 Aromyx 是一家应用生物技术和数据科学技术来捕捉感官数据的公司。该公司建立的 Allegory 数据库是一个用于数字捕获、索引和搜索气味和味道数据的平台，为机器学习提供了分析味觉和嗅觉的基础。Aromyx 通过将人类嗅觉、味觉感官产生的信号数字化，得到感官数据并加以应用。利用植入了味觉、嗅觉传感器和相关信号传导系统的生物芯片 EssenceChip，可以量化用户大脑中嗅觉和味觉的感受。接着，酶标仪从样品中提取数据，并由 Aromyx 的 Allegory Software Toolkit 将其可视化，以显示 EssenceChip 中物质的气味和味道量化测量结果。根据这些量化的数据，即可生产与之类似气味和味道的产品。Aromyx 将 EssenceChip 芯片描述为"味道和气味的照相机"，它包含从人的鼻子和舌头克隆的嗅觉、味觉受体，几乎可以对所有的食物或饮料进行嗅觉和味觉快照。

## （二）气味编码

杭州的气味王国科技有限公司是一家数字气味技术研发企业，立足于数字气味核心技术，致力于"气味装置"的开发。该装置通过纳米科技与精密微控技术，利用小型化气味模块，可以准确复现嗅觉体验。气味装置由特殊气味释放装置、气味传输、数字编码排序系统等组成，通过对上千种可识别的基础气味物质进行编码，实现气味的数字化、网络化传输和终端播放。气味王国公司试图探索底层的气味"共性物质"，建立全面的"数字气味词典"。在一些特定的博物馆展览中，气味编码技术可以为需要气味的应用场景提供解决方案。

## （三）食品打印

日本未来食品初创公司 OpenMeals 于 2018 年成立，致力于开发 3D 打印食品的技术。OpenMeals 创建了一个数字食品的平台，这或许是世界上第一个标准化的数字食品系统，让用户能够 3D 打印自己选定的食物。只要在显示屏上选择想要的食品，点击开始按钮，机械臂便开始打印食品。特制 3D 打印机的所有材料都是可食用的食物凝胶，以像素风格颗粒为单位，内部成分非常多样化，例如海藻、酶、纤维等。此外还可以添加调味剂、营养剂和防腐剂等，经过加工、染色和堆叠，最终加工为仿真的食物。OpenMeals 成功创建了定制的像素化印刷寿司，称为"8 位寿司"，于 2020 年在东京餐厅 Sushi Singularity 首次亮相。接下来，OpenMeals 打算通过升级技术以实现共享、下载和打印几乎所有类型的食物，探索未来全球食品的供给体系，试图解决粮食安全性和生物多样性丧失的问题。

## 五、多模态交互

模态是观众表达意图、执行动作或感知反馈信息的各种感官通道，如语言、手势、姿势、眼神、表情、触觉、嗅觉、味觉等。正如日常生活中人与人进行的信息交换那样，博物馆自然交互也是多通道并行的。多模态的自然交互是最能让观众感到自然的方式，同时也让交互表达变得更为复杂。多模态的博物馆自然交互不仅是将多种感官融合在一起，同时也需要巧妙地利用多模交互来达到"自然"，让用户更容易适应环境，提升用户体验。博物馆多模态自然交互常常与沉浸式技术相结合，例如虚拟现实、增强现实、混合现实技术等。情感计算、智能用户界面等也是热门的研究和应用方向。

### （一）虚拟现实

虚拟现实（Virtual Reality, VR）是一种模拟现实世界环境的技术。它以计算机技术为核心，在虚拟系统中生成与真实世界环境中视觉、听觉、触感等方面类似的虚拟世界环境，以实现仿真体验。虚拟现实系统常使用 VR 头戴式显示器等虚拟现实设备，它们通过在视野范围内的小屏幕或特制房间的多个大屏幕展示图像，使观众可以与虚拟展品进行互动，并在虚拟世界中漫游，获得身临其境的感受和沉浸式的互动体验。

尽管在大多数日常场景中，二维内容比三维内容更易于理解，沉浸计算的效果也没有那么理想，虚拟现实在博物馆展览等特定应用场景下，却有着重要的意义。虚拟现实的优势在于沉浸性和互动性。观众可以沉浸在虚拟世界中，通过触摸、旋转或观察展品细节与虚拟展品进行互动。此外，虚拟现实还允许观众根据个人的兴趣和需求对参观体验进行自定义，例如选择不同的展品、场景和视角，以探索丰富的展品信息和历史背景。通过亲身体验展品背后的场景和故事，观众可以更全面地理解展品，增加对其的认知。

然而，虚拟现实技术也面临一些挑战。其中一个障碍是触感反馈的缺失，而触感反馈对于真实感和互动体验的提升非常重要。为弥补这一缺憾，可以提供一些可触摸的内容，例如通过物理对象或触摸屏幕等方式，让观众能够获得与展品相关的触觉反馈。此外，虚拟现实技术在展示其他类型的感官反馈方面也有进一步发展的潜力。

（二）增强现实

增强现实（Augmented Reality, AR）是一种在现实环境中增加虚拟对象的技术。它通过相机和传感器捕捉真实环境中的图像和位置信息，并使用计算机算法和图像处理技术实现实时的图像识别和虚拟内容的叠加。观众可以通过设备屏幕观看增强现实展示，并与展品进行互动。

相比于虚拟现实技术，增强现实技术更注重与真实世界的连接。它通过多种方式和设备，将虚拟物体带入真实世界，在同一视野空间中叠加虚拟与真实，从而达到对真实世界的"增强"。增强现实技术提供了多种形式的互动，有效提升观众对真实世界的感知和体验。

在博物馆展览中增强现实技术的应用具有广阔的前景。通过增强现实技术，在博物馆展览中可以实现更加丰富和深入的参观体验。观众可以通过增强现实技术与展品进行互动，并在现实世界中观察和探索虚拟对象。这种互动性和沉浸感能够激发观众的兴趣，提高他们对展品的理解和认知。

增强现实技术的用户界面主要有三种类型：有形（tangible）AR界面、协同（collaborative）AR界面和混合（hybrid）AR界面。有形AR界面通过触摸、手势或物理对象等方式与虚拟内容进行互动。观众可以使用手势操作、触摸物体或控制器等设备来与展品进行互动，增加了观众与虚拟展品互动的沉浸感和真实感。协同 AR 界面可以通过多个用户的协作，实现多人同时参与的互动体验。观众可以与其他参观者共同参与展品的观察、讨论和互动，增加了社交性和合作性的参观体验。混合 AR 界面结合了虚拟和现实的元素，将虚拟内容与真实环境相融合。观众可以通过设备屏幕观看增强现实展示，并在现实世界中与虚拟对象进行互动。

虽然增强现实技术在博物馆展览中展现出了巨大的潜力，但仍然面临一些挑战。其中之一是技术的可靠性和稳定性。在现实场景中，增强现实技术需要准确地识别和跟踪真实世界的物体和位置，以确保虚拟内容与真实环境的精准叠加。此外，增强现实展示的内容质量和设计也需要专业设计师的参与，以确保呈现出高质量和有吸引力的用户体验。在技术的发展和应用推广过程中，还需要考虑隐私和安全等问题。

### （三）情感计算

情感计算（Affective Computing）的概念是在 1997 年由 MIT 媒体实验室毕凯（Rosalind Picard）教授提出的。情感计算旨在通过赋予计算机识别、理解和表达人的情感的能力，使得计算机具有更高的智能。目前人工智能正处于由感知智能突破到认知智能的阶段，情感计算研究作为人工智能的热门方向，主要研究关于情感产生及影响因素等方面的问题。

在人机交互领域，情感计算研究旨在让计算机理解人类表达的情绪状态，从而可以提供个性化的响应，像人一样进行自然、亲切和生动的交互[1]。由于计算机无法直接运用表情、语音、眼神等人类交互方式，仿生代理（Lifelike Agent）成为实现人与计算机自然交互的媒介[2]。表情识别是情感理解的基础，是人机情感交互的一个重要研究内容。计算机通过对人脸表情的识别，感知人的情感和意图，并可合成自身的表情，通过仿生代理与人进行智能和自然的交流。

---

[1] 罗森林、潘丽敏：《情感计算理论与技术》，《系统工程与电子技术》2003 年第 25 期。

[2] 毛峡、薛雨丽：《人机情感交互》，科学出版社，2011 年。

此外，人机情感交互研究还包括语音情感交互、肢体行为情感交互、生理信号情感识别和文本信息中的情感识别等内容，并已在人脸表情、姿态分析，语音的情感识别和表达方面取得了新进展。

情感计算是一个高度综合化的技术领域。通过计算科学与心理科学、认知科学的结合，研究人与人交互、人与计算机交互过程中的情感特点，设计具有情感反馈的人机交互环境，将有可能实现人与计算机的情感交互。

（四）多模态交互的展览案例分析

库珀·休伊特史密森尼设计博物馆（Cooper Hewitt, Smithsonian Design Museum）坐落于美国曼哈顿的卡内基大厦，关注设计史和当代设计。2018年，该博物馆举办了展览"感官：视觉之外的设计（The Senses：Design Beyond Vision）"，为观众提供了一场感官盛宴。这个展览探讨了多感官设计如何增强人们的接受信息、探索世界、满足需求、体验喜悦、丰富情感的能力，设计并展示了一系列观众可以用抚摸、听、看和闻等方式参与互动和体验的多模态交互展品展项。该展览超越了传统博物馆展览的概念，将艺术性和现代科技完美结合，为观众打造了可以多种感官参与展览交互的环境，加深了观众的印象和记忆。

梅尔曼（Meerman）创作的"触觉乐团（Tactile Orchestra）"展项是一面由合成毛皮覆盖的波浪状起伏的墙（图10），是观众以触感和听觉参与博物馆自然交互的典型案例。观众用手抚摸并扫过毛皮，内嵌的感应器则接收信号，在进行数据处理后激活了头顶上的扬声器，播放出管弦乐器音乐。梅尔曼认为，管弦乐器比打击乐器更能与抚摸行为保持一致。墙面构图分为6个区域，每当观众抚摸墙壁的一部分时，程序会调动该部分对应的琴弦音符。当另一位参与者触摸墙壁时，他（她）所在区域中的音乐片段也将添加到作品中被奏响，两位参与者都能听到。"触觉乐团"需要多位观众来"演奏"整首乐曲，为观众提供了一个富有情趣的音乐创作欣赏体验和社交沟通的公共空间。

埃里克·冈瑟（Eric Gunther）创作的"坐姿感觉目录（Seated

Catalog of Feelings）"是一套可以响应音频线索而振动的椅子（图11）。它将独特的振动模式与对异常经历的口头描述相结合，是观众通过语音识别和身体感知参与自然交互的典型案例。特定的语音描述在观众耳边低语，并投射在脚前的地板上。诸如"倒入 Jello 浴缸中""被电动牙刷抚摸"之类的短语与座椅和靠背的运动相结合，刺激观众的身体，观众通过身体的感知来了解振动发声的原理和知识，可以加深记忆和对知识的理解，丰富观展体验。

图 10　梅尔曼设计的"触觉乐团"展项

图 11　埃里克·冈瑟设计的"坐姿感觉目录"展项

克里斯托弗·布劳修斯（Christopher Brosius）创作的"暴风雪（Snow Storm）"展项是一个蓝色的小空间。上方悬挂着用羊毛毡制成的 150 个雪球，观众可以伸出手触摸雪球，并可以闻到雪球内各异的气味，例如羊毛手套和冻树的气味等，试图唤起观众对于冬天的记忆（图 12）。此外，每个雪球内都有一个微型扬声器，会发出微弱的声音。从严格意义上说，"暴风雪"展项并不能算是博物馆自然交互的实践案例，但也不失为博物馆嗅觉展示方式探索的一次有趣尝试。

图 12　克里斯托弗·布劳修斯设计的"暴风雪"展项

# 第四节　小　结

随着人机交互理论和实践的发展，科技的进步为博物馆交互方式的改变提供了强大的技术支撑，博物馆自然交互成了顺应时代潮流的趋势。在这一趋势中，"关注所有人的需求"成了核心理念，以观众为中心，致力于将博物馆展览打造成学习、探索、放松的场所。

博物馆自然交互所强调的"自然"，主要是形容交互的过程和观众的感受。博物馆自然交互需要充分利用观众的直觉本能和已有经验，以降低学习成本和认知负荷，最终达到有效传播展示信息的要求。博物馆自然交互主要包括基于计算机视觉、基于听觉、基于触觉、基于嗅觉和味觉、多模态交互这五种类型。

在博物馆展览中，观众的感官长期以来被视觉主导。在西方传统中，眼睛象征着知识和启蒙，视觉观察是现代科学的基础。如今，数字设备不断提供大量的图像和文本，满足了人们对视觉刺激的强烈需求，但往往以牺牲其他感官体验为代价。为了在博物馆展览中营造更为真实的虚拟数字环境，各种技术被充分利用，有效地扩展和丰富了观众在视觉、听觉和触觉方面的体验。然而，嗅觉和味觉方面的数字化探索和应用研究仍处于起步阶段。未来的研究和技术发展将进一步推动博物馆自然交互在多感官体验方面的探索，使观众更加全面地理解和感受展品所传递的信息和情感。

# 第四章　自然交互在博物馆展览中的作用

## 第一节　促进观众认知

### 一、建构主义

20 世纪后半叶起，由于西方社会结构的变化和人本主义思想的影响，围绕人的主体性展开的"自我建构"认知学习理论研究受到重视。让·皮亚杰（Jean Piaget）和维果斯基（Lev Vygotsky）创立了认知发展理论，提出了"建构主义发展观"[1]。维果茨基的认知发展理论强调社会互动在认知发展中的基础性作用，而皮亚杰的儿童认知发展理论则强调互动在学习过程中的重要性，认为人在与物质世界的互动中会不断调整对知识的理解，激发出新的思维，学习者在原有经验基础上消化吸收新知识，并通过理解形成自己独立的见解，完成对所学知识的主动建构。

美国心理学家杰罗姆·布鲁纳（Jerome Seymour Bruner）创立了"认知结构理论"，提出了反映儿童智慧发展的"再现表象"[2]概念。他认为儿童智力发展在认知结构上包含三种不同的发展水平，即动作的、映像的和符号的认知结构。这三种认知结构与年龄存在正相关，即年龄越小越偏向采用动作和映像认知。布鲁纳主张在教学过程中运用"发现法"，通过设计与知识内容相关的教学活动来鼓励学生主动发现和探索，以激发其对新知识的求知欲望，建立内在的学习动机。这种方法强调学习过程的体验性。

由于存在个体差异，不可能通过共同学习达到一致的理解，因此有学者提出知识是一种意义的建构，而非统一的结论。不同的个体对同一客体的认识是有差异的，每个人都会按照各自的理解方式去建构知识。基于这种理论，博物馆作为非正式教育机构，应当尊重个体的差异性，鼓励观众在互动体验中按照自己对事物的理解形成自我独立的思想或看法。这种认知结构理论从心理学的角度印证了互动体验的重要性，为博物馆互动体验展示设计提供了理论依据。

乔治·海因（George E. Hein）在建构主义理论基础上，提出了博物馆作为非正式教育机构的建构主义学习理论[3]。他提出了一个建构主义博物馆教育理论模型，认为一切知识都是学习者自己建构的。在《学在博物馆》一书中，他指出建构主义展览策展人需要从以下三个方面进行构思：首先，知识是经过观众的头脑完成建构的，

---

[1] 车文博：《西方心理学史》，浙江教育出版社，1998 年。

[2] 晔枫：《"再现表象"的整合本质》，《晋阳学刊》1993 年第 2 期。

[3] George E. Hein, *Learning in the Museum*. London and New York: Routledge, 1998.

因此展览设计应围绕观众的主体性进行；其次，为了吸引观众参观，展览设计应该使学习过程活泼有趣；最后，展览的情境设计应该促进观众直接参与互动体验，使他们能够真正融入其中。

建构主义学习展览的特点是"从观众已有的经验出发"和"提供主动学习的模式"，这一理论成了21世纪博物馆互动体验式展览的理论基石。

## 二、具体表现

### （一）资讯获取

自然交互技术可以为博物馆观众提供更自然、丰富且高效的信息获取方式。其中，自然语言处理技术得到了广泛应用。在博物馆展览中，观众可以通过语音指令、聊天机器人和其他语音功能与展品互动，从而快速、轻松地获取展品的各种信息。此外，自然交互技术还可以与其他传统的信息获取方式结合使用，如交互式屏幕和触摸屏等。通过多种技术手段的综合运用，博物馆观众可以用自己熟悉的方式获取到最丰富、最准确的展品信息。自然交互技术的应用也有助于实现博物馆展览的普及和互动，让更多人了解和欣赏博物馆中的文化和艺术珍品，推动博物馆文化的传承和发展。

### （二）认知建构

认知建构指的是观众在展览中通过与展品互动，结合已有的知识和经验，不断深化对博物馆文化和历史的认识。自然交互技术可以帮助观众更加深入地了解展品，通过多种交互手段，从多种角度构建自己的认知体系。例如，通过语音指令或者手势交互，观众可以深度了解展品的历史背景、专业知识、艺术手法和文化内涵等方面的信息。同时，博物馆也可以根据观众的需求和互动方式，通过多种形式呈现信息，不断激发观众的认知兴趣和学习动机。此外，自然交互技术的应用还扩展了博物馆观众互动的场景和方式，使其不再局限于文字和图像的纯展示。多维的互动方式更加贴近观众的认知习惯，让观众更加主动地参与到知识的获取和深化中。

在建构主义认知理论的指导下，自然交互技术的应用与博物馆展览的深度融合，能够更好地激发观众的认知兴趣和学习动机，推动博物馆文化、知识和艺术的普及和传播。

（三）视觉注意

视觉注意是指人们在视觉过程中选择特定的视觉信息进行处理和分析的过程。注意是指心理活动时对事物的指向和集中，它是所有心理活动的共同特征。任何心理活动，没有注意的参与，都不能有效地进行。在博物馆展览中，观众通常会受到多种展品形式和风格的影响，而自然交互技术可以通过各种形式的视觉引导和互动方式，帮助观众更加有针对性地认知和体验展品。例如，博物馆可以将多媒体和虚拟现实技术与自然交互技术结合，通过观众的手势、语音和面部表情等行为反馈，自行调整展品展示的方式和角度。同时，博物馆还可以采用生动有趣的动画、3D建模、投影和照明等方式来吸引观众的视觉注意力。这些技术手段的应用，不仅可以提高展品的视觉吸引力，同时也增强了观众与展品互动的兴趣和动力。

总的来说，自然交互技术在博物馆展览中的应用，能够帮助提高展览的趣味性和观赏性，进一步提升观众的参观体验和知识获取的效果。自然交互技术与视觉引导手段的结合使用，也能帮助更多观众发现和了解博物馆文化珍品的美和深层内涵，推动博物馆文化的传承和发展。

# 三、机制介绍

（一）降低认知负荷

认知负荷是认知科学中的术语，指的是短期记忆在某一时刻所承受的认知活动总量。科学家将记忆分为感觉记忆、短期记忆和长期记忆。其中，短期记忆的目的是思考、推理、学习，来自感觉记忆或长期记忆的数据会被复制到短期记忆中以便处理。短期记忆极其有限，成年人的短期记忆平均一次只能包含7种元素。单个元素通常根据意义或其他特征被聚类到组中，不同组的感知数据被并行处理，例如视觉、听觉和语言。受限于有限的大脑资源，当一个任务变得复杂或需要同时处理多个信息时，认知负荷就会增加，并且导致处理信息和执行任务的效果下降。因此，降低认知负荷对于提高学习、工作和执行任务的效率都非常重要。

影响认知负荷的主要因素是需要占据注意力的元素的数量。而元素数量又与记忆内容和表现形式的总和有关。通过基本的感官刺激来表示高级信息，特别是上下文数据，这样就不需要进行大量的心理活动来处理。这正是从表现形式上入手，降低认知负荷的一个例子。另一个与认知负荷有关的因素是视觉空间知觉，即人类处理和解释物体在空间位置的视觉信息的能力。它使我们能够感知到三维世界，对于我们理解和适应环境非常关键。视觉空间知觉任务的复杂性和难度会影响认知负荷的大小。当面临较为复杂和新颖的空间任务时，如三维导航或物体识别，则可能需要投入更多的认知资源来处理和解释空间信息，导致认知负荷增加。

博物馆的自然交互技术正是从减少记忆内容、简化表现形式、降低视觉空间知觉任务的难度三方面着手，来降低观众认知负荷，从而促进观众认知的。

自然交互通过降低交互操作学习难度，减少记忆内容，从而将更多的注意力留给博物馆展品。它采用简单的操作、手势、图示和反馈，使观众不再迷失于控件和菜单的迷宫。博物馆自然交互的交互过程和交互本身都很有趣，通过操控配合声光电等的自然交互展项或交互装置，观众在低认知负荷的愉悦体验中，更容易感受到学习带来的快乐和成就感，并在亲身体验和探索过程中加深理解。熟悉的环境往往有助于适应探索的过程，而在博物馆这一相对陌生的环境中，交互方式的自然性和操作的顺畅性更是显得尤为重要。

这种博物馆参观体验往往成为一种长期记忆，参观体验中获得的知识也不自觉地内化为一种新的对博物馆认知的知识结构，这种认知可称之为观众的"博物馆意识"。博物馆意识对于每个人的心智成长和良好的学习习惯培养都很重要。一个博物馆意识很强的人会反复地踏入博物馆，并且养成一种习惯，每到一个新的城市就先参观博物馆以获取对这个城市的认知。博物馆、学校和家庭都应当通过各种宣传、展览以及相关的活动从小培养每个公民的博物馆意识。这对于构建一个健康的社会展览空间秩序、创建良好的创新性学习型社会以及人生职业规划等都有深远的影响。

自然交互以无形智能的自然用户界面为媒介，采用简单多样的交互方式，使信息呈现更加直观明了，大大降低了观众的认知负荷。人机交互技术在博物展览中的应用改变了原先单向的、被动的参观学习模式。观众可以通过触摸屏等直接操作，采用触摸、移动、选择和其他方式与操作对象进行交互。操作对象可以是物理的或抽象的，例如信息文件和文档，也可以是音频和视频等多媒体展项，观众对这类信息的获取更具主动性和直观性。

自然用户界面具有直观性和易操作性等特点，让用户可以通过自己熟悉的方式与设备或系统进行沟通。有形用户界面中存在一种更为直接的操纵形式，即将表示信息的物理空间作为用户交互和操纵的对象。尽管这样的界面和操纵方式已具有直接操纵和相当的自然性，但是大多数基于有形用户界面的应用程序都需要对用户进行一些培训，使其了解如何操作以及这些操作传递的信息。对于不熟悉人机交互的普通人群，尤其是老年人，操纵起来还是不易上手。

语音识别是最早发展起来的博物馆自然交互方式之一。尽管语音信息可能模棱两可且不够精确，但人类的语言是表达概念最丰富的形式，因此语音识别仍是一种重要的交互类型。博物馆自然交互系统具有识别人类语音的能力，但准确性低于人类。为了弥补这一不足，大多数基于语音的自然交互系统都在开展主动学习。有的系统需要通过训练来熟悉用户个性化的惯用语言，有的则需要训练用户运用可以识别的词汇。随着智能多媒体的发展，语音识别发展出远场语音模式，计算机的语音识别能力不断提高，很好地改善了交互过程中卡顿等问题，使自然交互变得越来越流畅。这些进展使自然交互过程变得越来越流畅，也让观众更轻松地参与展览，提升对展览的认知体验。

自然交互还可以通过降低视觉空间知觉任务难度，为观众带来更沉浸的交互体验。一方面，视觉空间知觉可以用于增强虚拟现实和增强现实技术的用户体验。通过视觉空间知觉，用户可以感受到虚拟场景或增强的现实场景中的物体的位置、大小和相对位置，从而更好地与虚拟内容进行交互。另一方面，它还可用于设计和优化交互界面。通过理解用户在空间中的感知和认知方式，设计师可以更好地安排界面元素的位置、大小和布局，使用户能够更直观地与界面进行交互。

传统博物馆展览主要是通过图文信息进行知识传播，观众通过以文字、图片和实物为主要信息载体的抽象学习来获取知识，这并非是一种高效的学习手段。相对而言，数字媒体比现实世界更具可塑性，能提供设计精心、指导明确的理想学习体验。

（二）易于上手

博物馆自然交互能够让初次接触的观众由新手转变为专家，并且过程快速又愉悦。在这里，"专家"是指能够按照预期使用自然交互系统的人。"快速"是指观众能够在很短的时间中熟悉自然交互系统，无需经历缓慢而折磨的学习过程。"愉悦"是指操作过程本身具有愉悦性，培养技巧的过程和交互方式富有趣味，使观众在操作过程中感到愉悦。

对于观众来说，学习成本降低不仅是因为博物馆自然交互利用了观众自身的已有技能，还因为自然用户界面运用了视觉意符（visual signifier）和功能可供性（affordance）。

视觉意符是指在视觉通信中使用的符号或标记，用于引起观察者的注意并传达特定的信息，包括图形、符号、颜色、形状、图像等元素。适当的视觉意符可以增强视觉传达的效果，使信息更加清晰、易于理解，并产生特定的关联和情感反应。自然用户界面通过视觉意符指示观众如何操作，这是观众能够意识到的。

可供性是指用户对使用环境能够感知到的那些物理操作的可能性。与物体质量、体积等客观属性不同，它是功能和隐喻属性的表现，提供了非常有利的线索来暗示事物的相关操作，比如门可以开关、钥匙可以开锁、箱子可以装东西等等。当用户在潜意识中感知到了环境的可供性并与之发生互动，其可供性便得以实现并发挥作用。自然用户界面的可供性是基于积累的真实生活模式、知识和界面物理特质所触发的联想，使用户一看界面就知道该怎么做，无需任何解释或说明。这对于观众来说是无意识的。

视觉意符和功能可供性的利用，让观众可以走来即用（walk up and use），在方法上迷人，在使用上动人，非常适合博物馆展览的使用情境。

虽然把参考信息放入帮助系统、使用教学视频或是扩展教程也非常有效且省力，但这与博物馆自然交互的理念是背道而驰的。应当抵制这样的诱惑，用更为精妙的设计来实现观众交互技巧学习的目标。观众应当把注意力集中在实践学习上，使用分步学习法，愉快地达到熟练的表现，并且在整个学习操作的过程中收获成就感。

（三）认知和情感

认知和情感紧密相关。观众在参观博物馆时，通过观察、询问、参与、互动、体验等行为，获取对博物馆展览介质或辅助介质的认知信息。在这个过程中，观众可能根据以往的经验进行思考和理解，做出对现象的解释，形成对事物的认知。这个认知过程可能会唤醒观众以往的记忆或情感。

反过来，情感因子也会对人的认知产生影响。那些与人的情感相关的展品和展项更容易吸引观众的注意力，激发他们的求知欲和探索欲，也更容易引发共鸣，从而加深记忆。例如，观看一幅油画可能回忆起某件相关联的事物，互动游戏可能唤醒儿时的回忆等等。观众的记忆和情感还可能与一起参观的同伴有关，比如家人、爱人、同学或是在博物馆参观过程中认识的人。整个参观过程都有可能成为个人对博物馆的情感因子，它可以是亲子活动中的一段美好记忆，也可以是茫茫人海里的一次不期而遇。

安德森（Anderson D.）和卢卡斯（Lucas K. B.）对美国科学博物馆的非正式科学教育进行了认知行为和互动体验的研究。他们测试了八年级学生参观科学博物馆时，对与展品相关的概念和原则的认知学习。研究结果显示，新奇感对认知学习有促进作用。展馆中更显著、学生之前接触过以及多样感官模式的展品更容易给观众留下深刻印象[1]。这说明好奇心、新奇感等情感因素对记忆认知具有增强和促进作用。

唐纳德·诺曼创建了大脑处理信息的理论模型，分为三个层次，即本能层、行为层、反思层[2]。本能层是在大脑皮质的保护机制下做出的本能反应，是人类情感系统中最基础的部分，设计师通过对产品的审美设计来激发人的这种潜意识的本能反应。行为层是通过后天学习获得的，对认知非常重要。当人的行为结果与其期望相符时，就会产生正面积极的情感响应，反之则可能心生抵触。反思层属于有意识的最高层次的情感认知。当人通过注意力获取信息，再经过大脑对信息进行加工处理，取得深层次的理解后，才能产生推理、判断和决策等行为认知。唐纳德·诺曼的这一用于认知心理学的近似模型，在博物馆自然交互这样的应用领域同样适用。为更好地理解观众的认知与情感的作用机制，下面选取美国旧金山探索馆的案例作探讨分析。

## 四、案例分析

美国旧金山探索馆是由弗兰克·奥本海默（Frank Oppenheimer）于 1969 年创建的。它被划分为四个展厅，每个展厅都有不同的主题和互动体验。第一展厅展览项目有"分享科学""触觉圆顶屋""黑盒子"等，旨在让观众通过互动体验探究人类的认知、情绪、社交与社会、科学、艺术、文化的相互作用。第二展厅主要让观众动手制作、建造或修补物件，其中还设有一个对外开放的展品制作间，观众可以观看工作人员拿着各种工具在里面制作展品的过程，探索

[1] Anderson D., Lucas K. B., The effectiveness of orienting students to the physical features of a science museum prior to visitation. *Research in Science Education,* 1997.

[2] Donald A. Norman, *Emotional Design*. Montana: Betascript Publishing, 2010.

馆的大部分展品都是在此制作完成的。第三展厅根据学科内容设置了许多自然交互装置，呈现与灯光、视力、听力相关的实验互动项目。第四展厅主题为"探索生物科学"，观众可以运用科学设备去观察各种生物，例如用300年的冷杉制作的"巨木"展项，可以观察木材横切面上显示的年轮，并从中感受生命的脉络。

探索馆自然交互的内容包括展品、展览方式以及展览空间等方面。首先是互动操作体验型展品。探索馆的每件展品，都是由科研人员根据物理学、数学、化学等科学原理精心研究制作的原创作品。观众通过主动参与"玩"，和这些研发人员一起参与互动，建立起信息沟通和知识传播的双向沟通。这些展品，它们不像传统博物馆安放在玻璃橱窗内的静物，而是观众可以通过零距离接触、抚摸、动手转动、踩踏、贴在上面屏息静听等各种动作来与之互动的动态"玩具""教具"或"实验器材"。

其次是自然交互的展览方式。观众在整个参观过程中，除了通过视觉参与外，更多的是通过参与体验和与展品互动来建立联系，从而增强认知过程并促进情感体验。这些展品有的是基于肢体动作的，如突然倒转玻璃圆柱容器观察水与空气的混合变化；有的是基于动作和视觉协同配合完成的，如用沙漏在传送带上画出波形，制造龙卷风、风吹沙漠、观察偏振光镜片产生遮光作用等；有的是基于听觉、视觉认知的声学展品，如音柱音箱，用滚筒加吉他使声波可见，用长筒传声；有的是基于多感官和动作配合、手脑并用的体验型展品，如搭建拱桥；还有基于感觉心理学的代表性展品，如双手通过铁丝网互相抚摸产生天鹅绒的感觉等，都是自然交互中多感官参与交互的原创设计展品。整个参观过程除了观众和展品之间的互动以外，还有观众之间的互动、研究者和展品开发者与观众之间的互动。

最后是探索馆的展览空间。整个展厅就如同一个放满了各式玩具的游戏厅。探索馆的策展人、研究开发人员和来此参观的观众，通过展品和交互体验过程实现教育的目的；反过来，策展人和研发人员也可以通过观察受众"玩"或直接和受众一起参与、指导他们"玩"

获得反馈信息，实现信息的双向或多通道传播过程。

美国旧金山探索馆是目前全世界最有影响力的科技馆，其特点是以"动手做"和"互动式科学"为核心，实现其教育功能。展览本身突出互动性、同等化、去权威性，强调观众的主观感受和探究型学习，彻底改变了传统博物馆教育单向输出式的静态传播方式，很好地实现了博物馆展教结合、教学互动、主客体融为一体的目标。

该馆作为影响最广泛的自然交互应用的成功案例，至少有以下几点值得国内外科技馆借鉴和学习：一是强调原创是探索馆的立馆之本，高品质的策展和不断推出新研发的展品，是它保持永久活力的源泉；二是将寓教于乐、在玩中学作为它基本的传播方法；三是主客体融为一体的平等自然的交互方式和贴近观众的服务精神。其展品设计的原创性、展览方式的交互性、服务理念的创新性、展览空间的融合性等均对我国博物馆自然交互的发展具有可资借鉴的实践意义。

# 第二节　丰富观众体验

## 一、体验教育

乔治·海因的建构主义学习理论是博物馆互动体验实践的理论源泉，认为个体在体验中主动构建新知识和理解。约翰·杜威（John Dewey）的经验主义教育哲学也支持通过互动式教学来发展学生的知识建构。他在 1896 年出版的《艺术为体验之理论》一书中强调了艺术、文化、教育等领域的体验效应，又在 1934 年的《体验与教育》一书中，阐述了物质体验的概念，并将其与教育相联系。杜威认为，所有真正的教育都来自体验，但并不是所有体验都有利于教育。

博物馆展览越来越注重通过交互体验，对观众的认知和情感等方面产生影响，给观众带来丰富的情感、物质和空间体验。可以说，对于许多自然和科技类的博物馆，"体验"比"使用"或是"参观"更适合表述这样的互动过程。人们会抱有幻想、感到惊讶、获得乐趣、探索神奇。博物馆不仅可在展览走线中穿插与主题内容紧密相关的交互展项，还可在适当的区域安排互动游戏类的交互装置，供观众在等待时消遣放松，让观众在与系统的交互过程中获得愉悦感。

为了让观众在博物馆体验中学习和成长，博物馆的教育者需要知道观众如何看待博物馆体验、观众对体验项目有什么样的期待、互动体验时会做出什么样的反应、怎样才能提升体验的教育价值等。这些问题都是策展人和设计师在项目规划前需要弄清楚的。

博物馆的自然交互的体验性深受其界面的自然性和直接性特点影响，自然用户界面更接近游戏界面，而不是以操作系统为代表的图形交互界面。图形交互界面通常采用一些基础的交互惯例，例如菜单、导航、对话框等，来创建一套支持特定任务的系统。图形界面不算易用，是一种概括功能的方式。自然用户界面与之相比充满乐趣，更像是一种游戏娱乐。在一定程度上，博物馆自然交互与游戏一样，针对的是某些特定的主题和领域，为了让观众把注意力放在内容上，设计形式具有沉浸性与趣味性，但功能元素不具有侵略性和强制性。

博物馆自然交互设计要围绕传播主题展开。展览中的游戏内容应该和传播内容相关联，避免过度娱乐化，其目的是增强主题叙事的传播效果，而不是单纯为了娱乐而游戏。例如博物馆自然交互和文化传播相关联，则可以让观众通过体验《千里江山图》《清明上河图》等漫游，在三维的、动态的虚拟场景中感受北宋时的山河壮丽和汴京的繁华市井风貌。

博物馆自然交互在表达和阐释方面的功能也很强大。其展示风格灵活，可以适应不同的情况，感知和解释上下文信息，同时满足多观众使用的需求。一个大屏幕既可以与站在它前面的一个人交互，也可以与几十个很远的人互动，数字媒体可以动态排布，根据需求来呈现不同的信息。博物馆自然交互的一个简单的互动会引发一个完整的系统反馈，这是从与真实世界的互动派生出来的。

博物馆自然交互的互动体验往往具有强烈的视觉冲击力和操作挑战性，因而使观众体验更有趣味性。这是传统博物馆展览中文本和其他超文本呈现方式所不具备的。博物馆观众在循序渐进的挑战进程中，能够发现交互的趣味性，这样便可迅速地完成任务，直至玩转系统。大多数挑战和任务是游戏的固有成分，而自然交互则是提供一条循序渐进的精进之路。短时间内在展览中获得学习效果是一项极具挑战性的任务，博物馆自然交互通过赋予趣味，让这样的过程尽量稳步流畅地进行。

博物馆自然交互的趣味性在认知过程中起到很关键的作用。观众与机器互动的方式便是游戏本身，趣味性来自于观众尝试探索系统，并试图获得期望反应的行为。自然用户界面可以简单到足够直观，也可以复杂到隐藏一些高级特性。互动游戏过程就是观众主动发起的、发现和探索自然用户界面的心智体验过程，当系统反馈的结果与观众的期待相符时，就会使观众获得愉悦感和成就感。

对观众来说，基于娱乐游戏的博物馆自然用户界面是全新的，既可以是单人游戏，也可以是多人游戏。例如观众可以在博物馆自然交互中扮演一个古代历史人物，用自己的肢体动作控制一个角色，用文韬武略去征服和管理虚拟世界。观众在美妙的虚幻山水间漫游，而实际上是在踏板上行走。类似游戏的交互方式能够吸引观众的注意力，这样就不会感到无聊，也不会在意疲劳。系统接收到观众的请求，会提供正确的反馈引导观众进行下一步的操作，观众在体验游玩的过程中逐渐增强对自己身体的控制。博物馆自然交互会鼓励玩家做出正确的行为和动作，以获取更高的分数，或是更好地控制游戏角色。

## 二、体验类型

### （一）情感体验

从策展人的视角来看，自然交互技术能使策展变得精准且具有个性化特征。策展人能结合这项技术设计互动环节，让观众深度感受展品韵味，提升展览参与度与观众保留率。此外，通过收集观众反馈及其他数据分析，策展人可以更深入地理解观众在参观过程中的情感体验，以此微调展览的呈现形式。从观众的视角来看，自然交互技术能使他们与展品进行互动，通过视觉交流或面部表情等，提升他们的情感体验。观众能与展品产生亲密且深入的互动，建立起情感联结。博物馆也能借助此技术，通过多种互动形式激发观众的参与热情和情感体验，进一步强调展品的文化情感价值。

（二）物质体验

物质体验是指观众与展品进行直接的接触和交互。自然交互技术的应用，显著地增强了观众的物质体验。在自然交互博物馆展览中，观众可以通过不同感官，如触摸、嗅觉、听觉及味觉等，深入理解展品的内在价值。例如，自然语言处理为观众提供了一种新的互动形式，他们可以通过与展馆的语音机器人对话，了解展品的详细信息，例如展品的材质、工艺或历史背景等。同时，他们也可以通过观察展品的质感和形态来感受其艺术价值。博物馆还可以借助虚拟现实技术、交互屏幕以及其他互动装置，让观众更为真实地体验展品，引发他们的感官体验与情感共鸣。

（三）空间体验

空间体验指的是观众在博物馆展示空间内的各种感受和体验，包括视觉、听觉、触觉等所引发的各种情感和心理反应。而自然交互技术可以通过空间感知、物体追踪和手势识别等技术手段，帮助实现更加自然、个性化和沉浸的空间体验。例如，在基于虚拟现实技术的互动展览中，观众可以通过自然交互技术，自由地移动、观察、探索展馆内部，体验与展品的互动过程。自然交互技术还可以将整个展馆的空间感知和互动扩展到更多的方面，激发观众的空间感知和探索兴趣，提高展品体验和场景沉浸感。

总之，自然交互技术在展览中的应用，不仅增强了策展人和观众在博物馆场景下的情感交流和体验，为观众带来了更加真实、深入、极富有个性的感官交互体验，也提高了观众对展品内在价值的认知和物质体验的感受，为博物馆实现更加全面、有深度、有感觉的展示和互动提供了强大的技术支持。同时，自然交互技术能够在空间上进一步拓展观众的感受和认知，增强展品的互动性、感官性和情感性，推动博物馆空间体验的智能化、数字化和普及化。

## 三、具身认知

具身认知（Embodied Cognition）也称具体化（Embodiment），是指生理体验与心理状态之间存在强烈的关联，生理体验会激活心理感觉，反之亦然。具身认知理论提出了三个理论模型，即概念隐喻、意念符号、感知运动模拟隐喻[1]。这为博物馆自然交互体验提供了理论依据。对于体验博物馆自然交互的观众而言，具身认知体现在三个方面：身临其境的在场感（the sense of presence），自己进行创作从而成为故事的一部分（be a part of the story），成为互动体验主体的操纵感（the sense of agency）。

博物馆自然交互包含了基于计算机视觉、听觉、触觉、嗅觉和味觉、多模态交互等多种类型，观众可以通过这些交互方式看、听、触摸、闻、品尝，获得超越时空的现实感和身临其境的感受。由于可操作性，博物馆自然交互可以被视为一种可用的工具。通过自然交互的虚拟现实或增强现实技术，观众可以在体验过程中看到自己在虚拟环境中的交互形象，并通过动作和交互工具如手柄、手套等操作，将自己融入所体验的环境中。在交互过程中，观众可以唤起现有的技能，通过一系列动作改变自己身体以及对环境的感知。

当观众在执行一系列的自然交互动作，与互动装置发生沉浸式互动体验时，大脑指挥必须和运动器官高度协同配合，注意力也会集中于交互内容。这使大脑的活力被充分地激发出来，记忆变得更加精确灵敏，因此使学习、感受、理解和处理等认知过程变得更加高效。马里兰大学的研究表明，与在平面屏幕上观看相比，VR 实操型学习记忆的准确性提高约 9%。STRIVR 进行的一项研究表明，凭借自然交互，用户的响应时间缩短了 12%。

---

[1] 皓元等：《有关具身认知的三种理论模型》，《心理学探析》2017 年第 3 期。

# 四、案例分析

芝加哥科学与工业博物馆（The Museum of Science and Industry）的 U-505 潜艇展览为观众提供了一个了解和回顾第二次世界大战历史的机会。1944 年 6 月 4 日，美国海军在非洲海岸俘获了德军 IXC 型潜艇 U-505。十年后，潜艇被捐赠给芝加哥科学与工业博物馆，成为镇馆之宝。从那以后，U-505 潜艇展览成为博物馆内最受欢迎的"景点"。观众可以切身感受到美国海军当时面临的来自德国潜水艇的威胁，以及为了战胜法西斯所作出的努力。2016 年，为了增强观众的参与度，博物馆领导层决定使用现代的新媒体组件扩展展览。代理商 Leviathan 与 Luci Creative 合作，为博物馆开发了"U-505 模拟潜艇"交互展项（图 13）。

在"U-505 模拟潜艇"交互展项中，观众的任务是了解潜艇的相关背景故事，并在体验中学习驾驶潜艇。观众只要坐在驾驶员座

图 13  芝加哥科学与工业博物馆"U-505 模拟潜艇"展项

椅上，就会面临挑战，他们需要操作方向盘调整船首和船尾，操纵潜水艇保持平衡，同时还要躲避鱼雷、深水炸弹和灾难性的水压，这些都可能迫使潜艇浮出水面。三联大屏幕、声音和振动提供了身临其境的互动效果，使得观众可以在游戏般的体验过程中探索德国IXC 型潜艇的操作方式和非凡历史。

# 第三节　增强内容传播

## 一、超越现实

现实世界存在着物理限制，而虚拟世界则有无限可能。现实世界是由人、空间、时间、实物构成的，而虚拟世界是由字符、电子信息、数据流、硬件构成的，二者之间存在着巨大的差距。从知觉的角度来看，这种差距主要在于观众与之互动的方式。可以考虑用两种相反的方法缩小这种差距，增强和丰富真实世界，同时给虚拟世界增加物理约束，让虚拟的世界更逼真，真实的世界更超现实。

博物馆自然交互以现实世界的交互逻辑为基础，是现实的直观拓展。而在某些情况下，这在现实世界中是不可能实现的，因而博物馆自然交互看起来像是神奇的魔术。博物馆自然交互通过模仿和超越，创造出比现实世界更加流畅和自然的体验。举例来说，博物馆自然交互可以用两根手指同时触摸来控制物体尺寸以便于观察，手指聚拢就是缩小，手指分开就是放大。这种仅靠触摸和手势就能对物体进行缩放的能力表现着一种朴素但超现实的物理现象，可以很好地取悦用户。

尽管博物馆自然交互的内容是虚拟的，但是只要显得足够真实，那么观众就愿意相信它是真实的。博物馆自然交互和游戏一样，都试图创造一个引人入胜的虚拟世界，让观众消除对环境的信任危机。

博物馆自然交互可以模仿真实世界的对象，并利用虚拟世界的能力扩展真实世界的可能性。这种体验既是真实的，因为自然交互大多基于真实物体；又是魔幻的，因为它能够用新奇的方式去操控。

因此，在一定程度上，这种虚拟的体验甚至超过了真实的体验。

当系统以一种社会性的方式运行，并整合在环境中，生命和智能的错觉就会产生，使观众一联想到它，便作为一个活的界面与之互动。人类和人工智能是截然不同的，人的特点是具有灵魂，独特而不可模仿。自然交互只是复杂的智能机器，它们适应环境的能力就是智能，是一种可以复制的智能。当机器人、界面、机器达到可比较的适应水平时，自然交互智能和人工智能之间的区别将仅仅是一个来源问题。简单的智能行为可以向人类传达生命的幻觉。如果自然用户界面出现了视觉中断，物体可以在一秒钟内上百次在屏幕的另一个遥远的地方消失或重新出现，这很难被人类的感知所接受。

自然用户界面引入模拟的物理约束来控制数字对象或信息片段的转换。通过这种方式，观众可以追踪系统的变化，更好地了解正在发生的事情。可以通过分配平滑的运动和缩放，抑或是加速和减速来实现，从而不允许物体突然出现、突然消失、彻底穿透，或互相覆盖。缩放是在上下文和细节之间移动的重要工具。约束足够严格，可以保证在认知负荷方面得到所需的结果，但在交流方面仍然允许充分的表达。

系统也可以用虚拟数据来扩充现实。增强是物理对象、环境和计算媒体的集成。通过视频投影和定向扬声器，设计师可以在视觉上覆盖信息和定位音频内容，从而使真实的物体和地方能够与观众交谈。虚拟字节和真实物质的相遇可以创造新的体验，同时保留这两个世界的优点。

运动学和动力学数学模型是界面动画的强大工具，应用所需的约束条件是要求物体是固体的，有质量，这意味着这些物体不会以线速度运动。它们的速度会从零增加到一定的量，然后又减少到零，就像任何真正的物体一样。这就是所谓的慢进和慢出效应。在对象的透明度上，淡入和淡出应该遵循同样的规则。因此，加速度及其对速度和位置的影响是物理学中被首先考虑的行为。

总之，博物馆自然交互技术的应用使展览的呈现方式获得了超越现实世界的能力，可以不受现实世界中人、时间、空间、实物构成等要素的限制构建一个虚拟世界，观众在与自然用户界面的交互过程中，通过对现实的模仿和超越，借助于交互工具的操控，在娱乐的过程中学习展项所要传达的知识内容，在探索和完成交互体验的过程中获得身心愉悦和满足成就感。

## 二、展览阐释

展览作为博物馆实现教育和传播目的主要手段，是博物馆推出的核心产品，也是博物馆与大众建立沟通的主要媒介。展览媒介化可以将展览从空间、时间和展品等方面进行拓展，打破了时空和藏品的限制，让更多的人可以参与进来，获得更加丰富的观展体验。

（一）阐释多元化

展览媒介化的核心是阐释，阐释是博物馆进行教育和传播的核心内容，不仅包括展品的解说、导览和解读，还包括展览的整体设计、主题规划和故事叙述等方面。通过深入、全面、简洁、生动的阐释，博物馆可以将历史文化和自然科学等知识传递给观众，引导他们思考和感受，从而达到教育和传播的目的[1]。

自然人机交互的出现为博物馆提供了新的展示手段，使观众可以通过触摸、视听、闻气味等方式来获得深度、直观、多感官的沉浸式体验。例如，在博物馆的展览中，常见的自然人机交互方式包括虚拟现实、增强现实、交互式屏幕、声音与光影效果以及各种交互装置等等。通过这些交互手段，观众可以更加身临其境地了解展品以及相关的历史和文化知识，增强对传播内容的理解，使博物馆展览更加生动、直观、有趣。

同时，自然人机交互还可以提高博物馆的互动性和参与度，让观众成为展览的一部分，观众可以通过交互展项和策展人一起参与创作和分享，促进博物馆与观众之间的交流和沟通。这为博物馆的前沿研究提供了新的思路和方法，为博物馆未来的发展提供了更加

---

[1] 严建强：《从秘藏到共享：致力于构建平等关系的博物馆》，《中国博物馆》2020年第2期。

广阔的空间。

（二）叙事情景化

从策展人的角度来看，故事叙述是展览中最基本的元素之一。通过讲述引人入胜、有深度、有情感的故事，可以更加直观地传递展品的文化价值和艺术魅力。而自然交互技术可以帮助博物馆策展人突破传统的叙事方式，采用更加自然、直观、形象的交互方式围绕展览主题进行内容阐述，在展览游线中适当穿插自然交互展项，不但可以使展览内容更加丰富、夺人眼球，还可以让观众不再局限于对图文等抽象的概念理解，通过积极地参与互动体验和探究问题，在交互体验过程中获得对知识的感性认知和深刻记忆。

例如，在基于虚拟现实技术的展览中，策展人可以通过自然语言处理技术与观众进行深入互动，讲述展品的故事和背景，增强观众的好奇心和探索欲。展览还可以利用多媒体互动技术，采用声音、光影等手段，努力将故事叙述的元素融入展览场景之中，通过情景再现和环境氛围营造等方式，让观众在整个展览过程中获得身临其境的沉浸感和更加深刻、感性、亲密的故事体验。

从观众的角度来看，博物馆不仅仅是一个传播知识的宝库，还是一个好看、好玩的娱乐、社交场所。观众可以在博物馆看展品、玩游戏、看球幕电影、参与互动、亲自操控自然交互装置等，获得更加自然、直接的故事叙述体验。例如，在针对孩子的科学博物馆展览中，利用交互屏幕、感应设备等，孩子们可以通过交互体验学会探索神秘的自然科学，在亲子游戏等玩的过程逐渐了解科学的奥妙，还可以亲自参与模拟考古，获得不同寻常的观展体验。

（三）辅助媒介

传统博物馆展览以标签、墙面文字、影像视频、声音、灯光等形式传播展品信息，这种方式容易使观众产生视觉疲劳。自然人机交互技术作为博物馆展览的辅助媒介，能够超越传统的展示形式，帮助展品信息更加直观、更富互动性地展示。特别是对于一些抽象的科学原理、一些已经消逝的场景，或是隐藏在出土文物背后的考古遗址，博物馆运用自然交互技术，借助感应设备、智能标签、虚拟仿真技术、增强现实技术、全息投影等新颖有趣的交互方式，将数字资料和多媒体信息融入展览场景和交互装置之中，实现交互展项与观众的实时互动和通信，让观众可以更深入地了解展品的细节和特点，在互动中感知、体验展品的文化和艺术内涵，在"玩"的过程中体会展览传递的科学知识。这大大激发了观众的参与热情和探索求知欲望，创造出了更加丰富、有趣、流畅的观展体验。

展览阐释是展览媒介化的核心，自然人机交互是展览的辅助媒介，自然人机交互技术在博物馆的运用带来了展览阐释的新技术革命。展览阐释为自然人机交互展项提供了更多的主题、内容和思路，自然人机交互则增加了博物馆展览阐释的生动性、趣味性和互动性，二者互相配合，互相依存。

## 三、吸引注意

芝加哥艺术学院的约翰·艾尔金（John Elkin）对观众参观行为的研究表明，博物馆参观者平均每次观看一件艺术品的时间为2秒钟，花10秒钟阅读标签，短暂回看一下艺术品，然后继续前进。海因（Hein）和希尔德（Heald）作了一项研究，博物馆把动物野生状况的仿真模拟场景再现，改成包括多种感官互动的交互展项，可以增加观众在展品前的停留时间，并增强对展示主题的理解。理查兹（Richards）和门宁格（Menninger）通过对展览进行比较研究，发现观众在具有互动项目的展厅停留时间较长，并在较长的时间内仍然能够描述互动内容对其思想和情感的影响。

成功的博物馆自然交互必须能够吸引观众的注意力，而其产生的刺激要足够强大才能保持对观众持续的吸引力。从心理学的角度来看，注意力可以被定义为一种专注于特定对象并保持兴趣的能力，是推理和学习的前提条件。当另一种刺激获得关注时，观众就会从他原先关注的对象上移开。注意力的焦点是观众正在思考的细节，并由工作记忆管理。注意力外围是一个人可以感知到的其他刺激的处理过程，是由感官智能完成的。

马克·威瑟（Mark Weiser）认为如何吸引注意力是人机交互设计的焦点问题。平静技术的理念是将用户界面无形化，使用户的注意力集中到内容本身，尽量减弱交互界面对用户注意力的干扰，避免感觉疲劳和分心。自然用户界面是一种无形的界面，提供了注意力在中心和外围之间平滑变化的通道。同样的媒介可以同时呈现关注焦点和周边的信息，增加可用性，尽可能无缝地将焦点转移到每条信息上。

人类具有动态视力，可以通过视觉感知运动过程。人情绪激动时，会手舞足蹈来引人注目。物体或场景在运动时更能够夺人眼球，运动是事物发生变化的标志，是新奇事物到来的标志，因此成为博物馆展览叙事和互动中重要的元素。博物馆自然交互往往会采用动态效果。一方面，系统可以通过移动视觉对象吸引观众的注意力；另一方面，系统可以进行运动检测，识别观众的注意力目标。对于开发成功的交互引擎来说，移动是一个关键元素。在现实生活中，每一种状态的改变都伴随着一种转变，一种发生在有限但并非无穷小的时间间隔内的运动。在计算机系统中使用移动，可以以一种容易察觉的方式向用户传达变化的本质。

中国博物馆参与式理念的兴起和发展大约始于近10年。故宫博物院端门数字展厅的建设项目是一次较为成功的实践。故宫博物院还不断地推出故宫淘宝、故宫考古、每日故宫、故宫社区等项目，让神秘的故宫走下神圣的殿堂，融入百姓的日常生活。限于文物优先保护原则和对游客接待量控制等因素的考量，在敦煌莫高窟、西藏布达拉宫等国保单位，实体展览和虚拟交互式展览相结合已成为常态。

## 四、案例分析

创新科技博物馆是一家位于美国加州硅谷的科技博物馆。博物馆以科技和其所带来的影响为展览主题，分为四个展厅，分别是生活科技、发明、通信、探索，讲述了科技创新为人类带来的益处、人类的伟大发明，以及这些科技发明是如何提高人们生活水平的。创新科技博物馆开发的 BioDesign Studio 是世界上第一个合成生物学学习实验室的设计交互式展览，用以揭开现代科学中最难理解和最具争议的主题之一——对合成生物学的认识。展览中的交互设计使晦涩难懂的生物工程学变得有趣，且平易近人。这是一个常设展览，有一系列动手实践项目，可鼓励游客玩耍，参与理解合成生物学。

在"实时颜色实验室（Living Color Lab）"中，观众可以更改真实细菌的颜色（图 14）。每个工作站都有一小瓶散落的 DNA，它们可能会改变细菌菌落的颜色。通过将不同数量的颜色编码基因引入细菌菌落并进行孵育，可改变其颜色。观众可以将他们的培养皿插入使用计算机视觉分析菌落的观察器中，从而得知菌落被改变后的颜色。1493 个发光的培养皿将实时显示实验结果。基于投影的增强现实体验交互装置将引导观众完成整个过程，从微观层面解释正在发生的事情。

图 14　创新科技博物馆"实时颜色实验室"展项

在"图案设计展（Pattern Design exhibit）"中，观众可以控制自然界出现的系统背后的规则，在真人大小的动物雕塑上设计新的外套图案（图 15）。使用自定义物理界面调整单元格，访客可以设计

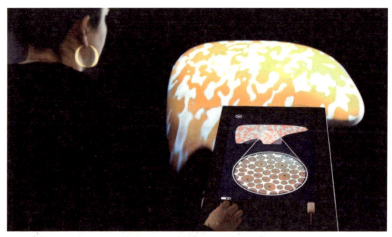

新的图案和伪装类型，并将其投影到三个被称为"the hambears"（short for hamster–bear）的动物模型上。

在"生物创造站（Creature Creation Station）"中，观众可以通过捕捉代表 DNA 片段的灵活构件来创建和测试新的虚拟生命形式（图 16）。每个模块中的传感器都与下面的信息亭同步，以提供正在进行的基因设计的实时反馈。在没有明确了解的情况下，访客正在创建一系列生物学命令，而 DNA 模型则充当了基因的代理。参观

图 15　创新科技博物馆"图案设计展"展项

图 16　创新科技博物馆"生物创造站"展项

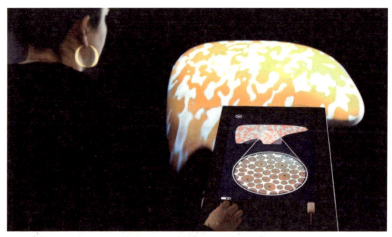

者可以操纵每个基因在生物中表达的数量、功能和时机，然后将其创造物放到 30 英尺宽的"生物库"中，在这里，数字生物可以根据其他生物的运动方式与其他参观者的生命形态互动，感受 DNA 编码的规则。

# 第四节　建立沟通桥梁

## 一、增进社交

博物馆自然交互的用户界面具有易用性和自然性，可以降低观众对交互界面的认知负荷，易于上手。它适用于不同年龄的观众共同参与互动体验，有利于增进观众之间的沟通和交流，促进家庭成员或社会成员之间的情感交流。这使博物馆在充分发挥在教育传播功能的同时，构建了一个全体社会成员都乐于参与的公共社交空间，吸引观众不断地重复参观体验。

博物馆自然交互从项目策划、设计、开发到评估的全过程都具有广泛的社会参与性。项目策划研发阶段，策展人会进行观众调查访问，以了解观众对博物馆自然交互的期待和想法，在一个较为开放的平台中邀请观众一同参与竞争和合作。到运行阶段，可能会提供观众围绕传播主题共同创作内容的机会，使观众获得一段属于自己的创作体验。

博物馆自然交互成为观众之间的纽带，重塑了观众的体验。图形用户界面通常是单人的用户体验。而博物馆自然用户界面将交互场景从平面转变为三维空间，会尽可能让更多的观众来输入信息，这样就由单人体验提升到了多人社交体验，由观众与系统之间，拓展到了观众与观众之间。在自然交互展览中，观众可以通过语音输入、肢体动作、眼动跟踪等多种方式与其他观众进行即时互动，共同探索展览。此外，设立社交区域，提供观众之间交流和互动的空间，也是实现社交互动的好方式。

因特网和以太网技术的广泛采用，让交互具有社交化的趋势。

互联网的架构和协议特别适合在被时间和空间分隔的人们之间进行分享，这些应用服务和即时消息可以将观众们联系在一起。在游戏领域，基于多人竞争与合作的游戏超越了传统的单人游戏，成为更受欢迎的模式。无论是面对面抑或是存在时空的距离，主机游戏逐渐成为玩家之间社交的媒介。

自然交互的多通道反馈功能为社交平台提供了灵活的选择性。不同观众对于自然交互的兴趣可能是完全不同的，有观众想了解主题，也有观众想了解细节。常规的呈现方案是从整体到局部，先让观众了解全貌，再深入细节。如果观众对细节感到厌烦时，也可以随时停止并返回主题，观众可以随时调整和进行自由选择。另一方面，随着各种功能的传感器和智能语音识别系统的应用，博物馆自然交互的感知能力和语境意识得到了增强，叙事变成了对话。系统获得了一定程度的主动性，比如可以在观众接近时进行呼唤，或者根据观众的反馈调整交流的模式。

在博物馆展览中，自然交互技术还可以通过多种方式建立社交联系。例如，在开始展览前通过应用软件或网站，让观众可以预先了解展品信息，并与其他观众分享自己的期待和想法。在展览现场，观众可以通过扫描展品的二维码、智能标签等，分享有关展品的见解和经验，并与其他观众互动和交流。

## 二、个性体验

博物馆展览中离不开个性化和差异化的需求和体验。自然交互技术可以通过多种方式实现博物馆展览的个性化和定制化体验，观众可通过自身特性的识别和应用，或通过智能语音聊天选择自己感兴趣的展览信息和展览内容。

例如，针对不同年龄段、学习能力、兴趣爱好的观众，博物馆可以通过语音引导，提供不同等级、类型的展览内容。在利用交互技术进行多媒体互动的过程中，博物馆可以根据观众的交互行为和反馈，实时调整展品、信息的呈现方式、内容和难度，以提供更加贴合观众特点的展览体验。随着人工智能技术的发展，观众还可以通过感应设备，在展览中获得"个性化标签"，使得相关的展品和信息可以直接呈现在观众视线内，并随着观众交互需求改变展示内容、形式等。在此基础上，博物馆还可以通过智能交互技术构建一套个性化的展览计划和推荐系统，使观众可以根据自身兴趣爱好、偏好等，选择、组合、定制自己感兴趣的展览内容。

总之，自然交互技术在博物馆社交互动方面发挥着重要的作用。它不仅可以通过多种方式引导观众合作、交流和分享，增强观众的参与感，还可以根据观众自身特点、需求和反馈，提供差异化、多样化、个性化的展览体验，提高观众的满意度，并帮助博物馆展览生态更加智能化、深入化和丰富化，为观众提供更加私人化和超越期望的展览体验。

## 三、提供反馈

博物馆自然交互能够提供信息表达和访问的强大工具，有助于建立双向沟通反馈。自然交互多通道的信息交互，为观众参与互动体验时的行动提供强有力的反馈引导。博物馆也可通过注意力跟踪等模式对交互展项做出科学的用户效果评估。博物馆自然交互的目标不是与观众竞争，而是为观众提供双向交流的工具。

例如，在博物馆展览中，观众可以通过语音识别技术提供反馈，包括对展品、展览、服务的评价、建议和意见等。相反，博物馆也可以通过观众的肢体动作、表情和眼动等进行注意力跟踪，实时获取观众对展品和交互展项的情感反馈，如兴趣程度、参与度、满意度等。

针对不同类型的观众，博物馆可以采用多种方式进行信息的反馈和处理。例如，针对儿童参观者，可以通过比较生动有趣的语音、图像等语言方式与他们进行互动，获得即时素材反馈。针对成年观众，可以考虑使用更加丰富、有深度、个性化的交流方式，如基于自然语言处理的实时在线问答等方式进行信息反馈。

观众的交互行为是由反馈引导的，控制论模型起着重要的作用。控制论的基本思想是通过对反馈信息的利用来调节和控制系统行为，以达到预期目的。控制论模式指出，传播的过程是带有反馈的双向交流过程，即具有反馈回路的封闭式控制系统。博物馆自然交互需要提供反馈来改正错误，让观众区分是硬件错误、状态错误，还是语义错误。在交互过程中通过适当调节视觉、听觉和触觉反馈，增强互动，诱导产生系统易于理解的信息，可以帮助消除意外行为的歧义。当视觉反馈连续发生时，视觉控制就同时产生了，在这种情况下，观众将被引导操纵媒体空间。限制反馈元素是更理想的选择，因为反馈的这些刺激可能损害观众对于内容的感知，容易使观众产生错觉，认为传播主体和传播客体的地位完全平等。因此，在博物馆展览中，反馈的作用应该尽可能小，主要是用于使界面流畅以便有效访问。

博物馆自然用户界面的设计目标是让观众与界面进行无缝体验。内容刺激与功能刺激应无缝结合。观众通常会等待他们当前正在执行的任务完成，例如传达指示和激活功能等等。当系统识别到一个给定的命令时，应该立即提供反馈。系统甚至可以通过预测观众可能想要的东西来相应地做出调整。界面必须是透明的，让观众感觉到操作行为是在自身的控制之下。反馈应该始终提供关于系统内部状态的信息。如果缺乏反馈，观众可能会感到困惑、沮丧，并且导致不可预测的结果。

此外，在地理信息系统的技术支撑下，博物馆可以实现展陈空间室内布局的信息化管理和自动化控制，使得展品的展出和足迹可以实现精细控制、实时呈现和反馈。同时，可以利用大数据的分析技术，掌握游客的动态需求和反馈，优化展品的展示方式，突出展览主题。自然交互技术在博物馆应用中将会融合更多的先进技术，如人脸识别、虚拟现实、机器学习等，以提供更加深刻、实时、可量化的观众反馈和参与感受。

## 四、案例分析

内森·阿德基森（Nathan Adkisson）在丹麦奥尔胡斯现代艺术博物馆（ARoS Aarhus kunstmuseum）策划的 ARoS Public 数字互动展览，以多感官体验激发观众的想象力，让博物馆成为"社区体验中心"和"心理健身中心"，并围绕艺术这个主题创造出了新的社交形式。ARoS Public 是一个社区空间，于 2016 年 10 月开发，其中包含工作坊、驻场艺术家工作室、沙龙、礼堂和数字互动展览，分别为"艺术之创意（The Art of Creativity）""艺术之评论（The Art of Commentary）"和"艺术之观察（The Art of Looking）"。

"艺术之创意"也叫"肖像仪（Portrait Machine）"，观众将扮演模特或是艺术家的角色（图 17）。作为模特的观众在引导下，首先在透明屏幕的一侧摆出 Pose，调整动作去匹配某个给出的姿势。

图 17　丹麦奥尔胡斯现代艺术博物馆"肖像仪"展项

图 18　丹麦奥尔胡斯现代艺术博物馆"评论框"展项

运动传感器实时捕捉模特的身体姿势并进行评分。作为艺术家的观众则可以在内置有发光二极管的透明屏幕上看到模特，以及与模特姿势相符的博物馆收藏的推荐艺术品。他们可以选择、缩放或修改这些艺术品，进行二次创作并保存和分享最终作品。

　　"艺术之评论"也叫"评论框（Commentary Box）"，是一个可供两个人使用的录音棚（图 18）。成对的观众首先选择某件艺术品，随后屏幕就会显示一些问题，来引导这对观众评论艺术品以及分享个人轶事。观众讨论作品时，他们的评论会被记录下来，自然语言处理代码会从语音中提取关键词，结合相关图片，最终以短视频来呈现讨论的结果。

　　"艺术之观察"也叫"视线捕捉者（The Eye-Catcher）"，利用眼动技术（Eye Tracking），跟踪观众在观察一件艺术品时的视线运动，从而显示不同观众在看待同一件艺术品的注意力差别（图 19），比如是会快速浏览整件艺术品，还是会徘徊以了解细节。

　　研究表明，当大多数人与其他人一起去博物馆时，表明他们正在寻找一种社交体验。在 ARoS Public 的自然交互展项中，对观众而言，艺术不只是陶冶情操或周末娱乐，更成了一项至关重要的"工作"。三个数字互动展览不仅激发了观众的参与热情，更促进了观

图 19　丹麦奥尔胡斯现代艺术博物馆"视线捕捉者"展项

众之间、观众与博物馆展览之间的交流。凭借展览的力量，秉持着"艺术不只由学者和策展人定义"的理念，尽管奥尔胡斯现代艺术博物馆坐落在只有 30 万人的城市，但每年仍能吸引 80 万以上的观众，成为博物馆自然交互应用的成功案例。

## 第五节　小　结

建构主义学习理论为博物馆展览中互动和体验的应用实践提供了理论基础。依托自然人机交互技术，将人文、科技、艺术进行融合，是当代博物馆展览极具前景的发展方向，国内外都有许多成功的应用案例。博物馆自然交互的作用主要体现在四个方面：促进观众认知、丰富参观体验、增强内容传播、建立沟通桥梁。交互作用能增强观众在参与博物馆公共教育活动时的学习效果，其作用机制已得到实证研究者确认，观众在体验博物馆展览中的自然交互系统时，不仅是在思考分析，更重要的是通过行为来进行探索，通过尝试来获得经验。观众通过在展示空间中的活动，收集相对应的反馈，从而判断自身的能力边界，获得有益的知识与感受。

# 第五章　博物馆自然交互的设计和开发

## 第一节　现状、原因和对策

### 一、现状分析

博物馆中的自然人机交互具有深化参观体验和知识传播的潜力，为各类博物馆提供了更为细致、生动且引人入胜的展示方式。科技、艺术、自然等主题的博物馆已普遍开始应用自然人机交互，但历史人文类博物馆仍需更多实践探索。我国博物馆界已逐渐认识到自然人机交互的潜力，尤其在新建、改建、扩建的项目中，纷纷尝试引入自然人机交互技术，如导览装置和展览展项等。

科技类博物馆中，自然人机交互可以帮助观众更好地理解科学原理。观众通过与展品互动，模拟科学实验和原理，深入探索科学知识。例如，观众可以在模拟太空展示区域通过模拟手册控制计算机生成的太空船，感受真实的太空飞行过程。这样的体验不仅丰富了观众的知识，也增加了参观的趣味性。

艺术类博物馆中，自然人机交互使观众能够更贴近艺术作品。观众通过触摸屏幕、手势识别或语音控制与艺术作品互动，感受艺术的美妙与灵魂。例如，在一个展示区域中，观众可以通过手势识别与画作中的人物互动、体验不同的场景，也可以通过声音与画作中的人物进行对话，深入了解艺术作品的故事与思想。

自然类博物馆中，自然人机交互技术创造了与真实自然环境互动的机会。观众通过增强现实技术与虚拟动物进行互动，探索不同的自然景观，并通过触摸感应、声音控制等方式进行交流与学习。例如，在一个模拟森林环境的展示区域，观众可以通过增强现实技术观察虚拟的小动物在森林中奔跑，了解它们的行为与习性。观众还可以通过触摸感应与虚拟植物互动，触摸叶片可以收集植物信息，通过声音控制与"虚拟花朵"进行交流，了解花朵的特性与重要性。

然而，博物馆中自然人机交互的发展仍然面临一些挑战。首先，由于缺乏系统的理论指导和长期规划，博物馆在引入自然人机交互技术时缺乏整体性。缺乏方法论和系统性的研究，导致博物馆在技术应用和展示效果上存在不协调的问题。因此，有必要加强理论研究，发展出一套适用于博物馆自然人机交互展示的方法论和指导原则。

其次，一些博物馆过于注重交互形式，忽视了内容传播的目标。博物馆作为知识传播和教育机构，应当将技术应用与内容传播相结合，将自然人机交互作为一个有效的工具，来帮助观众理解和掌握知识。因此，在设计自然人机交互展示时，博物馆应注重对展示内容的深入研究，将技术应用与内容传播相结合，以达到更好的教育效果。

再次，缺乏博物馆间的合作与协同也是一个亟待解决的问题。博物馆之间存在技术共享和经验交流的需求，通过协同开发和创新，可以实现更加多样化的自然人机交互展示方式。博物馆之间可以建立合作机制，共同开发新的展示方式和技术应用，推动自然人机交互在博物馆领域的创新和发展。

另外，自然人机交互展示还面临着维护成本高昂的问题。由于设备易损坏或被闲置，导致额外的维护和运营成本增加。为了解决这个问题，博物馆需要关注技术的稳定性和设备的可靠性，选择高质量的设备，并进行定期维护和更新，以确保交互体验的流畅性和持续性。

目前来看，博物馆中的自然人机交互展示是一个充满前景的技术应用领域，能够为观众提供更深入、生动和有趣的参观体验，促进知识的传播和理解。然而，该领域目前存在一些瓶颈，包括缺乏理论指导和规划、过于注重形式而忽视内容、缺乏博物馆间合作和短期成本过高等问题。解决这些问题需要加强理论研究、注重内容与形式的结合、加强博物馆间的合作与协同、关注技术的稳定性和设备的可靠性，以确保交互体验的流畅性和持续性。

## 二、原因分析

博物馆自然人机交互的问题和挑战，涉及了设计和技术、博物馆以及观众层面的各种因素。

（一）设计和技术层面

由于策展人员拥有多样的跨学科背景，可能在自然人机交互理论和实践经验方面存在不足。这种学科间的隔阂可能导致展览的目的和内容设计缺乏一致性，有时甚至出现形式与内容不相符的问题。

在项目规划阶段，调查与用户分析的深度和广度存在不足，因此对观众的期望、行为以及内容关联性的了解受限。这使得设计无法精准地满足观众的需求，进而导致观众对展览产生疑虑，难以完全沉浸其中。

由于项目外包，内部工作人员对自然人机交互领域的专业知识掌握不足。再加上缺乏专业的评审和评估流程，使得项目上线后可能出现技术和设计方面的问题，难以满足标准要求。

技术规范的制定、开发工具的选择以及设备的限制可能会导致交互界面缺乏人性化，同时也可能导致交互反馈的迟滞，从而影响用户的整体体验。

在博物馆自然交互设计、开发和运维方面，存在着技术和人才的双重挑战。为了确保交互体验自然而有效，设计团队需要综合考虑人类感知、认知等多个因素，并投入大量的时间和精力。然而，当前我国在这方面的研发和应用方面，尚未充分实现多个学科的深度融合，如人类心理学、人体工程学以及媒体学等。

此外，缺乏专业的运维人员和不足的资金管理也导致一些展品因维护不当而长时间陷入停滞状态。因此，为了解决这些问题，博物馆需要在人才培养、跨学科合作以及资源管理方面进行更有针对性的努力。

（二）博物馆层面

由于传统的历史实证主义观点的束缚，我国历史人文类博物馆的展览模式尚未从根本上真正突破"藏品导向型"的思维方式。

尽管信息主导型策展理念已被广泛接受，但博物馆的信息主体仍然局限于藏品信息，对超文本和辅助介质的应用仍受传统观念的制约。

目前，整个博物馆行业普遍存在惯性思维，需要时间去适应新兴事物。自然交互作为当代博物馆中的新兴技术，大部分博物馆人对其了解不深，也缺乏专业知识，这导致与策展人之间的沟通受到影响。出于稳健性和风险控制的考虑，许多博物馆在策展和项目规划中对自然交互的引入持保守态度，担心可能会成为累赘而不愿投入。这种现实情况的不足也会使得博物馆决策者对自然交互的开发望而却步。

（三）观众层面

我国的博物馆观众普遍对博物馆自然人机交互的概念较为陌生。他们在自然人机交互的经验与博物馆自然人机交互的交互设计、可用性和人性化设计方面有所欠缺，这可能会影响到展项的利用率和观众的兴趣。

此外，我国博物馆中自然交互设计与开发的现状分析仍存在许多不确定性。首先，自然交互技术的采用程度和应用水平仍然不确定，许多博物馆对其应用持谨慎态度，学术界也存在争议。其次，由于技术的复杂性和专业性，博物馆展览中的应用存在一定的不确定性，需要具备深厚专业知识和技能的设计师和技术开发人员的参与。在实际应用中，还需要应对诸多挑战，如交互效果评估、用户体验改进和技术更新等。最后，应用效果和预期结果也存在一定的不确定性。尽管自然交互技术可以显著提升博物馆展览的参与感和体验，但要达到预期效果需要考虑多个因素，如用户接受度、技术使用程度和展览设计等。

综上所述，我国博物馆自然交互设计和开发的发展现状受多方面因素影响，需要从项目规划、内容关联性、观众调研、系统功能整体设计、交互界面可用性和易用性、系统设备运营维护以及评估体系等多个层面进行提升和改进。这需要博物馆在跨学科合作、专业人员培养以及资源管理方面做出有针对性的努力。

## 三、对策分析

针对上述问题，需要从以下几方面思考解决问题的对策。

第一，加强对国内外博物馆自然人机交互理论和实践的学习研究，形成思想共识。通过各种途径提升我国博物馆自然人机交互设计、研发和维护等方面专业人才的总体水平。

第二，加强对自然人机交互通用领域技术规范的制定和研究，提升通用领域本体技术水平，增强博物馆展览中"元数据"信息处理加工的通用性和规范化。同时，扩大部门和馆际协作，实现资源共建共享，共同构建适合我国博物馆发展实际的自然人机交互发展模式。

第三，博物馆策展人员需要全程参与项目规划并掌握内容以及传播目的、设计目标和投资成本等方面的把控，还可以邀请观众参与项目策划，以增加参与性。

第四，建立一套行之有效的博物馆自然人机交互的评估体系，用于评估项目的实施效果和用户满意度。

第五，加强对观众参观行为的引导。博物馆可以举办现场演示、博物馆人与观众互动娱乐等活动，提升全年龄段观众对自然人机交互展览项目的互动参与积极性和技能水平。

# 第二节　设计的总体框架

## 一、设计理念

鉴于博物馆自然人机交互所涵盖的范围广泛，不同类型的博物馆在展览内容、传播目的、目标观众人群和呈现方式等方面存在较大差异，进而表现出不同的特质和技术要求，因此可以从设计方法论层面，为博物馆策展人等从业人员提供一份具有一定指导意义的通用性设计手册，针对具体案例的设计开发暂不列入本书研究范围。

唐纳德·诺曼在《设计心理学》中提出了"以人为中心的设计"

的理论，强调设计要以人为本，考虑可用性、易用性和情感影响因素等，这成为人机交互设计应遵循的主要设计理念。诺曼在《情感化设计》一书中还强调了情绪在人类理解世界和学习新事物的能力方面的作用，大多数物体的设计是通过内在、行为和反思三个维度来感知的。博物馆作为一个非正式的社会教育机构，首先是为观众服务而存在的，因此"以观众为中心"是博物馆工作的核心。对于博物馆展览中自然人机交互的实践应用来说，其设计不是为了追求形式的炫酷，而是为了达到特定的功能和目标而进行的规划设计。换言之，它的设计目的是为了促进内容传播、提升观众认知、丰富互动体验、构建社交平台和建立反馈机制等功能，因此必须树立起"问题导向"的设计思想。设计时明确目标、解决问题，并制定相应的行动方案和工作流程。整个规划设计过程要遵循"以观众为中心，以目标和问题为导向"的设计理念。

（一）文化传承的理念

展览在博物馆中扮演着非常重要的角色，它是博物馆实现教育和传播目的的主要手段。博物馆自然交互技术在展览中的应用应该被视为展品和文化遗产传承的辅助工具，旨在更好地实现博物馆展览的传播目标，通过展览的形式传递展品和文化遗产的价值。因此，展览设计人员应该注重文化传承的理念，深入挖掘和解析展品及其文化遗产的内涵，围绕文化遗产的价值内涵进行阐释和设计互动展项。

（二）观众体验的设计理念

博物馆自然交互设计的核心是观众体验。展览设计人员应以观众的需求和行为为中心，充分考虑观众在感知、认知、情感和行为等方面的需求，为观众提供最佳的交互方式、展示效果和参观体验。通过设计引导观众参与互动，激发他们的兴趣和好奇心，创造出独特而具有感染力的展览体验。

（三）创新思维的引导

展览中的自然交互需要依靠创新思维，寻找和发掘与传统模式不同的展览形式和交互方式。在展览设计和互动方面，应不断尝试利用前沿科技，如虚拟现实、增强现实、语音交互、手势感应等，以开创更多非传统、多样化、创意十足的展览和交互方式。

（四）设计过程的规范化

自然交互设计需要遵循严谨的设计过程，包括需求收集、设计构思、实施、测试、完善和调整等。设计过程需要具有规范性，以确保设计准确性和可行性。同时，展览设计人员也应考虑相关法规、标准和安全等问题进行规范化设计，以保证展览的质量和安全性。

（五）多元化的设计参考

展览设计人员应充分利用各种资源，如文献资料、图书、新闻、学术研究和艺术作品等，以获得不同文化和不同类型展览的多样化参考。多元化的思考和设计可以帮助策划人员拓宽思维，提升创造力和挑战性，为展览带来更多元的视角和想法。

通过关注以上几个方面，我们可以进一步提升博物馆自然交互设计和开发的水平，创造更具吸引力和有意义的展览体验，促进博物馆行业的创新与发展。

## 二、设计思路

博物馆展览自然交互设计的思路需要从观众体验、展品特色、增加互动性、融合虚实场景等多方面考虑，以达到最佳的展示效果。

（一）设计目标

詹妮弗·普里斯（Jenny Preece）把交互设计定义为"人类交流与交互空间的设计"[1]。博物馆自然交互的设计研究是一个由传播内容、观众研究和技术依托三个维度共同组成的有机整体。理想的博物馆自然交互应具备：传播目的明确，形式内容相统一；传播内容健康新颖，和展览主题关联性强；设计风格独特，不雷同，能夺人眼球，对全年龄段的观众群体都具有吸引力；设计优化合理，符合审美、空间和人体工学等设计要求；交互界面人性化，观众易于上手，互动体验感强，交互反馈流畅；易于维护，经济而高效。具体体现

---

[1] ［美］詹妮弗·普里斯：《交互设计——超越人机交互》，刘晓辉、张景等译，电子工业出版社，2003年。

为丰富的"五感"体验、多样化的互动展示、富有吸引力和驱动力的呈现序列、尺度适宜的装置结构、便利的辅助功能设施、多维化的体验方式等设计目标。

（二）设计框架

博物馆自然交互设计可以从内容、观众和技术三个层面明确设计的框架。内容层面主要包括内容叙事和呈现方式的设计，其中呈现方式包含交互语境、交互隐喻和基于多模态的自然人机交互设计等方面；观众层面主要针对学习需求、社交需求、情感需求等，进行观众体验的设计；技术层面主要包括系统和用户界面的设计，设计策略主要体现在刺激引导、化繁为简、去中介化和实现无缝体验等方面。

（三）技术路线

在博物馆自然交互设计的技术路线中，首先需要关注传播内容的主题关联性，确保与展览主题相关性以及主题延展性。其次，需要对观众群体进行深入研究，全面了解观众的特点和需求。接着，设计者需要选择适合展示的素材，并进行筛选。同时也要明确设计目标、问题和需求，构建设计任务书。在展示方式的设计上，需要选择恰当的方法来呈现内容，例如采用多媒体展示或互动装置等。然后确定合适的技术工具和设置参数，选择适合需求的软硬件设备。接下来就可以进行初步的设计，开始绘制图纸和制作模型了。在设计完成后，进行系统测试和评估，以验证设计的可行性和效果。最后，进行试运行、实际应用和测试设计，并根据系统维护情况进行调整和完善。

博物馆自然交互设计需要注重科学性、客观性和验证性，同时也要兼顾艺术性和人文性。科学性和客观性体现在研究对象的性质和设计过程的客观规律而艺术性和人文性则体现在研究对象的创造性和文化内涵。在设计过程中，设计者不仅要注重科学性和客观性的要求，同时也要考虑艺术性和人文性因素的体现，以确保博物馆自然交互设计能够在科学、技术和艺术的交汇点上发挥出最佳效果。

# 三、设计流程

博物馆自然交互的设计与开发流程，可以分为概念、深化和呈现三个阶段。

在概念阶段，首先需要进行项目规划调研，深入了解项目定位、用户分析、传播目的、资金投入估算等方面的内容。这包括搜集国内外博物馆相关项目资料并进行归纳梳理。之后，分析规划项目与传播内容的关联性，提炼出主题并明确传播目的。此外，还需要调研目标观众的群体结构、参观动机、观众预期、参观行为方式等，并建立观众用户模型。以目标用户群体为中心，根据用户模型提出设计要解决的问题，并制订规划设计方案。在这个阶段，精准的用户分析非常重要，需要通过调查获得第一手资料，对可能的用户群体进行特征分析，并根据用户模型进行项目规划设计，以确保用户界面与用户现有技能和思维模型相匹配。

进而，根据用户模型的特征和通用领域文本内的展示信息元素（元数据），以确定相应的界面属性，并构建符合用户心智模型的表现模型。然后确定对话方式，将任务模型和表现模型与对话模型建立关联。这个阶段的主要任务是确定观众与交互装置的整体交互关系，确立交互装置的易用性和可用性，阐述交互装置的交互方式，并绘制草图。在绘制过程中，要注意选择最关键的节点、使用合理的序列和正常的人体比例，并强调与交互相关的细节。对于交互的运动方式，可以采用箭头等类似的表现方式；对于复杂的运动，可以采用重叠动作的方式进行表现。

在设计深化阶段，需要进行模拟与测试。通过体验真实的交互，展示交互装置的实际尺寸和交互方式，来对交互装置的效果进行评估并指出问题。模拟方式一般可分为实体、实体加虚拟以及虚拟三类。可以制作原型展示交互装置概念中的比例、尺寸和重量等方面的信息，并通过拍照、录视频等方式记录交互过程。由于静态原型无法满足交互装置的测试要求，因此在进行测试时需要进一步评估。此外，在博物馆自然交互的开发阶段，还需要制作展品原型，并对原型进行形成性评估，以避免不必要的失误。

在呈现阶段，博物馆展览利用交互装置作为媒介，完整地讲述故事，展示最终的外观、特征和交互内容。在交互装置的安装和展示过程中，需要根据展览的布局和需求，适配和调试交互装置，以确保其与整体展览环境无缝衔接。最后，还需要再次进行功能测试和用户体验测试，以确保交互装置的正常运行并提供流畅的用户体验。在展览开放时，应当观察观众的使用情况并收集反馈。通过记录观众的互动行为和对交互装置的评价，收集更多的数据和见解，并进一步优化博物馆的自然交互体验。

交互设计是实现观众体验的途径。因此，在明确传播目的后，设计师应了解观众最终希望通过博物馆自然交互来完成何种任务，获得何种效果，然后确定展项的表现形式和交互方式以实现这些任务。设计师可以通过调查用户的性别、年龄、偏好的交互方式以及所处的环境等因素，建立一些典型的观众模型，并基于这些模型确定问题脚本和行动脚本，然后根据脚本来绘制概念草图和制作原型。在完成原型制作后，应邀请专家和观众进行评测，并实时改进原型，包括界面布局、色彩外形、交互方式等方面。

博物馆自然交互展品的设计和开发是多人协同完成的过程，通过集体讨论后确定主导方向。在开发过程中，艺术家发挥着重要的作用，不仅仅是使展品更美观，更重要的是相较于科学学科的其他专家，艺术家更擅长发现事物的本质，从而呈现出展品的独特之处。展品的开发需要经历概念设计、模型设计和评估等阶段。展品的尺寸、颜色和形状并非标准化，而是根据展品的功能和开发者的意图进行调整。经过全面的检测和优化后，展品才能投入使用。

总的来说，博物馆自然交互的设计与开发过程通常经历以下步骤：主题规划、传播目的确立、资料收集和分析、交互演绎形式构思、多领域跨界合作及媒体选择、观众因素的考虑、功能和形式确定、实施、测试和评估、后期维护等工作（表2）。其设计流程一般可以分为以下几个步骤：

需求收集和分析。通过对展览内容、目标用户和展览场地等进行调研和分析，了解用户需求和场地限制，明确主题和传播目的，为后续设计制定明确的目标和方向。

设计构思。根据之前的需求分析，研究和分析可行的自然交互方式和技术，并根据展品和用户需求，确定互动方式和展示方式。

原型设计。设计人员需要对设计构思的结构、样式和动效进行详细规划和设计，制作出相应的原型样品，以验证设计的可行性和可实现性。

实施。找到合适的技术和产品完成实施和制作的工作，包括硬件、软件、互动媒介和音视频制作等，确保自然交互方式和展示效果的成功实现。

测试和调试。验证自然交互方式和展示效果的准确性、流畅性和有效性，确保交互方式得到最佳的纠正和修正。

完善和维护。根据不断的使用和实践进行相应的改进和升级，以保证博物馆展览的技术和交互方式处于最佳状态。

**表 2　博物馆自然交互设计流程**

|   | 设计流程 | 流程说明 |
|---|---|---|
| 1 | 定性研究 | 了解观众人口统计学的信息、参观动机、对展项的期待等 |
| 2 | 观众模型 | 设立目标人群和典型观众来作为观众体验设计的研究对象 |
| 3 | 问题脚本 | 通过启发式评估思考观众在使用时可能遇到的具体问题 |
| 4 | 动作脚本 | 以故事板的形式描述观众在使用时可能发生的行为细节 |
| 5 | 概念草图 | 把问题脚本和动作脚本里的概念内容转化成视觉模型 |
| 6 | 制作原型 | 根据概念草图来设计并制作原型样品 |
| 7 | 专家评审 | 根据专家再测试与评估原型中发现的问题来修改和完善 |
| 8 | 观众评测 | 让目标观众来使用原型从而进一步地修改和完善原型 |

以上是博物馆展览自然交互设计的一般流程，不同的项目和需求可以根据实际情况适当调整和修改。在设计和实施中，还需要注重参观者的需求和反馈，充分考虑用户体验和互动体感，以期达到最佳的设计展览效果和体验价值。

# 四、辅助工具

博物馆自然交互研究是一种综合应用，涉及博物馆学、计算机科学、心理学和设计学等多个学科。这种研究需要运用跨学科的方法。弗拉维娅·斯帕拉西诺（Flavia Sparacino）指出，在欧洲文艺复兴时期存在两种知识分子类型。第一种类型是科学家，以伽利略为代表，他们建立了科学实验和方法的规则。第二种类型是艺术工程师，以列奥纳多·达·芬奇为代表，他们在艺术和科学交融方面进行了创造性的研究。在过去几个世纪里，科学家类型在西方文化中占主导地位，直到数字媒体的出现，艺术工程师才有机会展示他们在艺术创作和工程方面的多重才华。

跨学科研究者具备多样的学科背景，他们既是艺术家、科学家，也是工程技术专家，因此更适合创造性地处理涉及复杂的自然交互研究的问题。然而，这样的跨学科研究者在实际中相对较少，更常见的情况是不同领域的专家共同合作。要使这种合作产生预期效果，需要良好的管理和协作机制。

博物馆自然交互的产生源于不同学科相互影响。因此，需要采取一种非传统的研究方法，超越学科的边界，充分利用跨学科工具，将观众置于核心位置进行思考。这就要求将各个学科的基础知识联系起来，共同创作博物馆自然交互的内容。在这种探索中，博物馆自然交互的创作者必须持有乐观的积极心态，勇于进行探索、幻想和创造。只有这样，才能为观众创造出真正引人入胜的体验。

## （一）产品卡片（Products cards）

在项目初期，明确设计方向是至关重要的。笔者设计了简单的卡片工具，用来罗列描述博物馆自然交互的预期设计的相关特征（图20）。这些特征包括博物馆的名称、类型（例如综合地志、历史文化、艺术、自然科技、考古遗址、其他等）、展览名称、主题、展项名称、传播目的、素材类型（如文字、图片、数据等）、技术类型（如基于计算机视觉、听觉、触觉、嗅觉与味觉、肢体动作等）、技术依托以及解决的痛点等。博物馆自然交互设计与开发涉及许多相关人

博物馆名称：________ 博物馆类型：________

展览名称：________ 展览主题：________

**展项名称：**________________

**传播目的：**________________

素材内容：________ 素材类型：________

____________ ____________

技术依托：________ 技术类型：________

解决痛点：________________

图 20　博物馆自然交互产品卡片

员，他们可以通过头脑风暴的方式，将各自的创意填写到这些卡片中。通过精确描述每个特征，我们可以集思广益，获得更多的创意和灵感。

这种产品卡片工具的使用有助于确保团队成员之间的共享和理解，避免设计方向的模糊和偏颇。此外，通过卡片上的信息，团队成员可以在设计与开发过程中加深对每个特征的思考，从而准确把握设计目标。

（二）故事板（Storyboard）

为了更好地让观众理解和接受展示内容，博物馆自然交互需要采用恰当的叙述方式，就像我们可以通过文本、漫画、影片、有声读物、戏剧表演等形式来讲述一个故事一样。而故事板就是表达这种创意的有效方式之一。它通过简易的视觉草图（如手绘、照片、视频等）来呈现创意的主要元素，包括人物、事件、环境和操作对象等（图21）。故事板中的每个草图都是独立的，同时也相互关联，类似于分镜，它们展示了不同镜头之间的关系，以及这些镜头相互串联形成的过程。通过生动形象地描述完整的自然交互体验过程，故事板能够帮助观众更好地理解和感受展示内容。这种可视化的表达方式可以帮助团队成员共同理解和展望博物馆自然交互的设计目标，同时也有助于更好地协调和沟通。通过故事板，我们可以提前预览和评估交

1.一家人走进展厅

2.女儿对乔尔·夏皮罗的雕塑感兴趣

3.一家人开始围观雕塑

4.一家人来到墙边，女儿把雕像拖入到光圈中

5.与此同时，女儿把手机放入墙边的支架中

6.女儿模仿雕塑造型，弟弟和父母在一旁观看

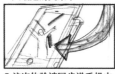

7.摄像头记录了女儿的表情，以及弟弟的模仿行为

8.这次体验被同步进手机中，利用增强现实加了特效

9.现在轮到弟弟了，他把一幅画拖入光圈中开始体验

图 21　博物馆自然交互故事板

互体验的效果，及时调整和改进设计方案。

（三）感官刺激表（Sensory stimuli chart）

博物馆自然交互根据信息的输入、处理和输出分为传感模块、处理模块和效应模块。而感官刺激表正是博物馆自然交互设计中构建效应模块的重要工具之一。

博物馆自然交互的核心在于传感模块，它根据计算机视觉、听觉、触觉、嗅觉、味觉和多模态交互等感应信息对博物馆自然交互进行分类。因此在设计过程中，首先使用产品卡片明确博物馆自然交互的特征和类型，然后再使用故事板来设想交互的过程，并对效应模块的呈现方式进行构思。

为了更好地归纳效应模块的构建逻辑，笔者制作了感官刺激表（表3），这个表对观众在博物馆自然交互中所接收到的各种感官刺激进行了细分，并使用各种词汇来描述它们之间的细微差别，通过这种发散性的思维导图模式启发设计灵感。感官刺激表的使用有助于深入理解博物馆自然交互中的感官体验，并提供了有关效应模块呈现方式的思考依据。它为博物馆展览设计者提供了一个有机的框架，以更好地引导观众在交互中获得丰富的感官刺激，进而提升展览的吸引力和参与度。

表 3　博物馆自然交互感官刺激表

| 感官 | 类型 | 特征 | 变量 | 描述 | 变量 | 描述 |
|---|---|---|---|---|---|---|
| 视觉 | 运动 | 旋转 | 角度 | 单周、多周 | 速率 | 快、慢 |
| | | 变化 | 显隐 | 出现、消失 | 开合 | 打开、关闭 |
| | | 位移 | 平移 | 水平、垂直 | 位移 | 路径、间距 |
| | | 跳跃 | 频率 | 持续、断续 | 幅度 | 高度、距离 |
| | | 摆动 | 频率 | 持续、断续 | 幅度 | 夹角、距离 |
| | 形状 | 尺寸 | 大小 | 大、小 | 变化 | 扩张、收缩 |
| | | 造型 | 体 | 立方、圆球 | 面 | 平面、曲面 |
| | | | 关联 | 连接、分离 | 变形 | 弯曲、扭曲 |
| | 颜色 | 色 | 色彩 | 彩色、黑白 | 过渡 | 统一、渐变 |
| | | 图 | 纹理 | 排列、密度 | 图案 | 抽象、具象 |
| | | 光 | 亮度 | 亮、暗 | 色温 | 冷、暖 |
| 听觉 | 声音 | 语音 | 来源 | 对话、录音 | 音量 | 高、低 |
| | | 音乐 | 来源 | 演奏、播放 | 音量 | 高、低 |
| 触觉 | 触感 | 压感 | 压力 | 大、小 | 区域 | 整体、局部 |
| | | 触摸 | 温度 | 冷、暖 | 摩擦 | 光滑、粗糙 |
| | | 振动 | 频率 | 持续、断续 | 幅度 | 振幅、节奏 |
| | 形状 | 尺寸 | 大小 | 大、小 | 变化 | 扩张、收缩 |
| | | 造型 | 体 | 立方、圆球 | 面 | 平面、曲面 |
| | | | 关联 | 连接、分离 | 变形 | 弯曲、扭曲 |
| 嗅觉 | 气味 | 天然 | 来源 | 自然、化学 | 嗅感 | 香、臭 |
| | | 人造 | 来源 | 人工、电子 | 浓度 | 高、低 |
| 味觉 | 味道 | 天然 | 来源 | 自然、化学 | 口感 | 好、坏 |
| | | 人造 | 来源 | 人工、电子 | 刺激 | 强、弱 |

（四）智慧材料表（Smart materials list）

如果说产品卡片明确了设计目标，故事板构思了交互流程，感官刺激表提供了设计灵感，那么智慧材料表则为创意设计提供了可行性的保障，并为设计师们提供了丰富的选择（表4）。笔者对与博物馆自然交互设计相关的各种智慧材料进行了搜集和总结，这些智慧材料的一个共性是它们可以根据各种刺激改变自身的特性，例如形状、颜色、光线等。这些材料被称为刺激响应材料（Stimuli-responsive Materials），因为它们能够根据外界刺激而做出快速的响应。刺激响应材料有五个主要特征，即即时性（immediacy）、短暂性（transiency）、自我驱动性（self-actuation）、直接性（directness）和选择性（selectivity）[1]。这些特征与博物馆自然交互的目标和特点紧密契合，为设计者提供了更广阔的创意空间。

智慧材料作为自然人机交互在博物馆展览中的应用延伸，旨在通过实体智慧材料丰富最终的虚拟展示形式。在智慧材料表中，核心内容包括感官、输出、智慧材料和刺激四个方面，它为设计者们在选择智慧材料时提供了参考和灵感。当观众通过身体输入自身信息时，传感模块会捕捉到这些信息，并在处理模块中分析接收到的数字信号。与此同时，处理模块还会将观众的信息转换为光、电、磁等不同形式的刺激。最终，观众能够感受到自然人机交互虚拟内容的魅力，并探索因刺激而产生变化的多感官实体内容。

智慧材料表为博物馆自然交互设计提供了重要的指导和支持。通过在设计过程中应用智慧材料，设计师们能够创造出更具吸引力和参与度的展览体验，让观众充分融入其中并与展示内容互动。未来的工作可以进一步探索智慧材料的应用潜力，发展出更多创新和引人注目的自然人机交互展示方式。

---

[1] Addington M., Schodek D., Smart Materials and Technologies for the architecture and design profession. *Civil Engineering,* 2005.

## 表4　博物馆自然交互智慧材料表

| 感官 | 输出 | 智慧材料 | | 刺激 |
|---|---|---|---|---|
| | | 材料名称 | 英文名称 | |
| 视觉 | 颜色 | 化学变色 | Chemochromic | 化学 |
| | | 机械变色 | Mechanochromic | 形变 |
| | | 热致变色 | Thermochromic | 温度 |
| | | 光致变色 | Photochromic | 光 |
| | | 电致变色 | Electrochromic | 电 |
| | 光 | 机械发光 | Mechanoluminescent | 形变 |
| | | 热致发光 | Thermoluminescent | 温度 |
| | | 光致发光 | Photoluminrescent | 光 |
| | | 化学发光 | Chemoluminescent | 化学 |
| | | 电致发光 | Electroluminescent | 电 |
| 触觉 | 形状 | 形状记忆 | Shape memory | 温度 |
| | | 磁形状记忆 | Magnetic shape memory | 磁 |
| | | 电致伸缩 | Electrostrictive | 电 |
| | | 磁致伸缩 | Magnetostrictive | 磁 |
| | | 光致伸缩 | Photomechanical | 光 |
| | 黏度 | 可热成型 | Thermoformable | 化学 |
| | | 磁流变 | Magnetorhelogical | 磁 |
| | | 剪切增稠 | Shear-thickening | 压力 |
| | | 电流变 | Electrorheological | 电 |
| | | 硬化材料 | Hardening materials | 压力 |
| | 压力 | 压电 | Piezoelectric | 电 |
| | | 压磁 | Piezomagnetic | 磁 |
| | 温度 | 焦热电 | Pyroelectrics | 电 |
| | | 热电学 | Thermoelectrics | 电 |
| | | 相变材料 | Phase change materials | 温度 |
| | | 磁热效应 | Magnetocaloric | 磁 |
| 嗅觉 | 气味 | 化学调节 | Chemical regulators | 化学 |

# 第三节　基于传播内容

## 一、内容叙事

博物馆展览的展示设计主要包括内容设计和形式设计两个方面。不同的展览在重点和发展趋势上存在差异，但总体而言，内容叙事在博物馆展览设计中扮演着主导角色。格洛里亚纳·达文波特（Glorianna Davenport）认为："几个世纪以来，故事从围绕着篝火和舞台的自然环境，到印刷页面，然后到电影、电视和电脑屏幕。如今，利用传感技术，故事创作者能够将数字故事带回我们的现实环境中。"[1]

博物馆自然交互不仅仅是简单地展示数字媒体的娱乐性和艺术性，其核心目的是传达展示的信息。通过叙事的力量，能够为观众提供一个深入了解展示主题的机会，并帮助观众与展示内容建立情感共鸣。博物馆自然交互具有特定的目标受众和传播目的，并在特定的时间内讲述特定的内容。尤其在博物馆综合地志和历史人文类展览中，博物馆自然交互需要遵循叙事逻辑，并强调叙事的主题、吸引力、连贯性和自由度。通过博物馆自然交互的设计，展示的信息能够生动地展现给观众并使其沉浸其中，激发观众的互动热情和参与感。以史实为基础的叙事逻辑能够帮助观众更好地理解和体验展示内容。博物馆的展览设计旨在通过独特的叙事手法，将观众带入沉浸式的体验中。通过运用传感技术和互动元素，观众可以亲身参与故事，提高他们对展示信息的理解和记忆深度。同时，叙事的主题化、吸引力、连贯性和自由度也是设计中需要注重的重要因素。

1. 主题化：在博物馆自然交互中，主题化起着重要的作用。主题是展示内容的核心，它可以是历史事件、文化传承、科学知识等等。通过主题化的叙事，观众能够更好地理解展示内容，并通过记忆和感知内化为自身的学识和修养，达到博物馆知识传播和教育目的。

[1] Mazalek A., Davenport G., Tangible Viewpoints: A Physical Interface for Exploring Character-Driven Narratives. *10ᵗʰ International Conference on Multimedia*, 2002.

博物馆自然交互通常作为一个展项，承担着叙事单元的作用。围绕着一个主题，叙事单元可能会被分割成多个媒体片段，这些小片段或许会以多种方式进行排列组合。通过合理的组织和安排，这些叙事单元可以形成一个完整的故事线，吸引观众并引导他们深入主题的世界中。

2. 吸引力：在博物馆自然交互中，吸引观众的注意力是十分重要的。通过各种交互手段，例如声音、光影、触感等，可以刺激观众的感官，引起他们的兴趣并激发他们的好奇心。例如，通过声音和音乐的组合，可以营造出特定的氛围，吸引观众走向该展区。当观众靠近博物馆自然交互时，会被吸引、鼓励和邀请与之互动。一旦互动开始，系统会判断观众的注意力程度，并作出相应的响应。

视觉注意是动态叙事的基础，传感器可以通过捕捉观众肢体动作、表情和心理变化等来进行监测。而辨别观众发出的声音则是另一个常见的衡量注意力的方法。

3. 连贯性：系统需要及时响应观众的互动命令，避免使互动变得机械化或出现中断。为了保持叙事的连贯性，可以采用过渡元素来平滑实现不同内容之间的切换。例如，可以使用过场动画、音频或视觉效果来过渡到下一个叙事单元，以确保观众在体验中感受到更流畅的叙事过程。此外，通过对媒体内容的统一管理，确保整个叙事过程的连贯性也是至关重要的。

4. 自由度：观众在博物馆自然交互空间中应该感到自由，他们可以根据自己的兴趣和需求选择参观路线和时间，而无需严格遵循规定的顺序或时间限制。为了平衡自由度与互动上下文的限制，可以设计多样化的互动方式和展示手段。例如，可以提供不同的展示路径、交互装置和参与活动，以满足不同观众的需求和兴趣。

此外，在设计过程中，隐藏约束并提供适度的引导，让观众自主地探索和互动，可以使整个体验更富有探索性和趣味性。系统在控制流程和成功叙事之间需要权衡。一方面，风险来自于行为的重复和交流的碎片化；另一方面，由于无法灵活操作而导致的僵化，让观众感觉自己仿佛在看电影，几乎无法与之互动。解决这一问题的方法是隐藏约束，以便观众自动接受这些约束。比如设置一个美观的建筑屏障，而不是放置一个"禁止触摸"的标志。适当的内隐刺激，无论是物理上的还是数字上的，都是引导行为和限制行为范围的最佳因素。

## 二、交互语境

交互语境是人机交互设计中一个重要且关键的概念。它涉及用户与系统交互时所处的环境和场景，包括用户的意图、手势、语音和身体姿势等。在博物馆自然交互设计中，除了考虑观众的文化背景、教育程度、参观目的和参观行为以及意图等因素，还需要考虑交互语境对于博物馆自然交互的重要性。根据用户特定的交互语境，定制针对性的设计方案，可以最大化用户交互的质量和效率，满足用户的需求和期望，提升用户体验。

在博物馆自然交互中，语境是指交互发生的场域，既包括系统内部，也涉及整个空间环境。语境有助于系统理解观众的行为和意图，因此自然交互的技术架构和界面需要考虑系统能够处理的环境限制。观众会受到交互的各种细节因素和互动方式的影响，因此系统需要感知观众与环境的关系，并相应地做出调整和应对。博物馆自然交互需要尊重所在的文化、社会和组织环境，并根据语境的不同进行合适的对话和交互。

举例来说，设计人员需要注意观众按下按钮或触摸屏幕等交互动作，以了解更多信息的场域环境。系统内部环境包括展品和交互界面控件的大小、位置和易用性，而外部空间环境则包括交互展项在展览线路中的位置、空间私密性、交互场景和氛围，以及观众进行交互时的手势、身体姿势、交互意图等因素。合理配置交互展项的展厅环境可以给观众提供最佳的体验感受。

语境与信息传递密切相关。一方面，观众需要感知整个信息的语境，才能理解详细内容的搭配，并关注相关的主题。博物馆要传达的信息通常很复杂，因此有必要通过层次结构和归纳分组的方式来简化信息。抽象的信息通常不能主动地保存在观众的记忆中，而正确地表示这种关系结构，可以减轻观众的认知负荷。另一方面，对于特定的活动，自然交互将需要系统通过观察观众所发出的自然指示线索来推断他们感兴趣的内容。这一功能对于系统的开发来说至关重要，可以增强信息搜索的效果，同时又不影响观众的体验。

外围信息指的是交互环境中除展示信息外的非关键信息，常常在自然用户界面之外的维度得以体现。假如说博物馆自然交互是一个封闭的房间，那么观众尝试体验博物馆自然交互，就是踏进这个房间的大门。在这个简易的房间中，自然人机交互的传感模块和处理模块隐藏在暗处默默为观众服务，而效应模块则在明处尽可能醒目以吸引观众。效应模块的自然用户界面是房间的窗户，观众通过这扇窗户来了解外部环境。这里的外部环境主要是博物馆的传播内容，也有像昼夜循环、光影变幻、晴雨交替这样的外围信息。

观众往往需要额外的洞察，才会意识到外围信息的存在，并注意到它的作用。但事实上，外围信息绝非不重要，如果与之隔绝，观众会感到不适。外围信息是对博物馆展示信息的补足，在维持藏品原真性与人机和谐关系方面起着至关重要的作用。外围信息要被编码成具体内容，才能被观众的感官有效察觉。环境显示设备作为外围信息的载体，使用颜色、形状、大小、声音、音量等变量来表示正在发生的事件和环境的状态，从而传递不需要立即注意的非关键的外围信息。

外围信息能在不加重观众认知负荷的前提下尽可能丰富传播内容。因为观众大脑中负责感觉处理的大部分区域，能与外围信息相协调。根据马克·维瑟（Mark Weiser）的理论，某个时刻的外围信息，可能在下一个时刻就会成为观众关注的中心[1]。通过把部分内容放在外围，而不是把所有东西都放在中心。恰当的刺激可以让观众意识到更多的内容，而不是让核心信息连续和密集地呈现。

---

[1] Mark Weiser, John Seely Brown, *The Coming Age of Calm Technology*. Xerox PARC, 1996.

## 三、交互隐喻

交互隐喻是指在人机交互设计中运用熟悉的概念或场景，帮助用户理解如何使用系统或设备。一个著名的例子是桌面隐喻，它最早由施乐实验室的艾伦·凯提出，并在 1984 年的 Apple Macintosh 中被广泛采用。隐喻可以通过行为、视觉、功能和故事等方式应用于交互设计，以让用户更容易理解和操作系统。

博物馆自然用户界面的设计借鉴了观众对物理世界的经验，并将其应用于与虚拟物体的交互中。通过使用隐喻，设计师可以将抽象概念与真实世界的内容关联起来，使观众能够更好地理解和操作交互系统。在博物馆自然交互中，行为隐喻、视觉隐喻、功能隐喻和故事隐喻等不同类型的隐喻都发挥了重要的作用。

举个例子，假设博物馆展览的目标是让观众通过拼合破碎的虚拟文物来了解其结构和内部信息。在自然交互系统的虚拟世界中，为了暗示观众可以操作破碎的物体，可以使用视觉隐喻，如高亮、描边、动画效果等来突出显示这些物体。同时，为了让观众更容易理解交互方式，可以利用行为隐喻，比如使用抓取手势来拿起物体，使用松开手势来放下物体。

博物馆自然交互设计打破了传统图形用户界面的隐喻模式，如窗口、指针、按钮等。它通过提供更具象化的交互控件和简化的图标，让观众更深入地参与到媒体空间中。这种设计鼓励观众进行探索，并在体验过程中发现更多功能或内容，向观众暗示交互系统的潜力，并提供及时的反馈。此外，博物馆自然交互设计尽可能消除人与行为对象之间的介质，使媒体成为互动的一个活跃元素。

保罗·杜里什（Paul Dourish）认为："实施例是指交互资源在界面中显示的方式。它不仅仅指物理现实，而是指一种参与状态。"[1] 博物馆自然交互设计利用观众的身体技能、空间感知能力和对藏品信息的好奇心。观众与虚拟世界之间保持了与人和物的关系，同时

---

[1] Paul Dourish, Embodied interaction: Exploring the foundations of a new approach to HCI. *HCI in the New Millennium,* 1999.

受到社会和文化环境的影响。在设计中，抽象的交互逻辑被具象化的日常经验所替代。比如，在博物馆展览的自然交互屏幕中，可以模拟窗户、桌子等日常生活中的物品，以引导观众自然地与之交互。

总的来说，交互隐喻在博物馆自然交互设计中起着重要的作用，通过将观众熟悉的概念和场景引入交互系统，帮助他们更好地理解和操作。这种设计不仅提供了更直观、自然的体验，还丰富了博物馆展览的多样性和趣味性。

# 第四节　基于观众研究

## 一、学习需求

在博物馆展览中，观众来自各个年龄层和文化背景，因此展览需要以不同的方式满足观众的学习需求。对于特定的展览，有时还需要考虑特定目标群体的特殊需求。

博物馆保存着个人和集体的记忆。为满足认同的心理特征需求，我们需要明确展览对认同的支持，创造有利于认同的坏境，使观众对特定群体形成深刻的内在体验，从而实现文化认同。例如，文化遗产在认同中发挥着催化与强化的作用。通过展示和传承文化遗产，观众能够与之产生共鸣并建立联系，加强对自身文化身份的认同感。博物馆在这个过程中起到了关键的桥梁作用，提供了展示和呈现文化遗产的平台，促进了人们对自身和集体历史的认同和理解。

为了达到展览的预期目标，博物馆需要深入研究不同观众群体的学习需求、参观意图和行为方式，并根据观众需求进行调整。通过引导观众的兴趣和注意力，激发他们学习和探索的渴望，可以事半功倍地实现知识传播和展览的目标。

博物馆展览的设计理念已从以"物"为核心向以"人"为中心进行转变，与自然交互"以人为本"的服务观众理念达成共识。博物馆自然交互具有以用户体验为核心的设计准则，但这并不意味着完全以用户为中心，满足用户的一切需求。因为公众的需求，往往就是人们的朴素期望，比如好看、好玩、有趣、新奇等。博物馆自然交互需要围绕用户体验，将观众的交互体验作为研究对象。但二者不是互斥的，而是递进的，良好的体验是基于观众满意的结果。

博物馆自然交互的设计需要美观有趣，将人文、艺术与技术结合，保障功能的可靠性，不仅涉及认知，还包括体验。社会和文化背景在潜移默化中塑造了观众的认知和行为习惯，而观众的习惯也同时影响了博物馆自然交互改进和发展的趋势，这是一个双向塑造的过程。作为博物馆公共空间环境的一部分，博物馆自然交互是一种强大的沟通手段，具有吸引力和可玩性，大量观众可以在短时间内选择性地访问大量内容。即使是那些从未接触过智能设备的观众，也应该能够快速流畅地使用这些完全新奇的交互设备。

观众有各自的角色、职责和任务，观众因素影响着博物馆自然交互的可能性和限制性。语义化的信息网格的特定描述可以为不同年龄与知识背景的观众提供针对性的信息服务。一个成功的展览不仅需要展品有吸引人的特质，还需要有吸引人的展示方式，同时考虑观众的感受和反馈。策展人在主题策划时，就要对观众的人群特性进行预测分析，对展品进行分类、分区和细分，以便更好地满足不同观众的需求。例如，针对不同的年龄段、文化背景和兴趣爱好，可以设置不同的展示主题和互动方式。

观众参观博物馆的目的各有不同，有些是进行建构性参观、有些是重构性参观、有些是验证性参观，要考虑多个观众共同操作的情况，以及不同年龄人群的实际情况。针对年轻观众，可以在展览中适当穿插或在特定的区域设置交互游戏和互动体验装置等展示形式，增加参与感和互动体验感；针对更加成熟的观众，他们可能更在意展览本身所能提供的科学知识和文化背景等知识信息，可以配备自然语音交互、多语言导览、触屏式多媒体、环幕电影和虚拟现实等交互手段，让观众对展品有更多的了解。对于年纪小的观众，尤其是儿童，可能需要邀请其他人来解释博物馆自然交互的使用方法。对于年纪大的观众，尤其是老人，可能需要消除他们对博物馆自然交互这些新事物的担忧，激发互动热情，并且需要尊重他们的个人参与意愿。界面设计必须兼顾主动的观众和被动的观众，尽可能满足所有观众的学习需求。

## 二、社交需求

博物馆不仅仅是展览空间，更是研究、学习、增长个人素养和通过思想交流和社交来增进福祉的场所。传统的人机交互通常要求使用者独立进行操作，与其他人分开，因此社交关系被破坏了。然而，博物馆自然交互的设计正试图改变这一状况，它不仅尝试建立系统和使用者之间平等对话的关系，还鼓励使用者之间的社交互动。现代博物馆越来越注重提供互动性强的展品或活动，如团队互动、集体游戏、分享和社交网络，以增进观众与展品之间的情感联系，并满足观众的社交需求。

博物馆自然交互在社交体验中充当了一个重要的角色，可以同时与不同的观众进行交流。观众可以在博物馆展览的自然交互空间内自由活动，没有明显的限制和约束。博物馆自然交互的设计应充分考虑观众在参与交互体验时的随意性和角色扮演过程中的"行为自由"，以增强他们的角色代入感和沉浸感。它应避免强迫观众坐在屏幕前或使用平常不会佩戴的设备。博物馆自然交互还应允许多个观众同时操作，共同协作或相互竞争，就像使用公共工作台一样，将媒体资源分配到不同的任务中。想法的共享不再局限于文字、照片和视频，还包括共享空间、环境和体验。交互过程是连续的，可能不存在"开始"或"结束"阶段，观众可以随时参与其中，可以随时离开，也可以随时再次回来进行交互。

任务配对是博物馆自然交互社交体验的关键因素。使用多用户设备的观众在同一时间可能会遇到不同级别的任务配对问题，分为高配对任务、低配对任务和未配对任务。高配对任务要求观众互相协作完成同一个任务，例如分别控制一个物体的零散部件，试图将其拼合完整；低配对任务要求观众共同参与，但各自负责不同的关联任务，例如一些观众负责完成拼合任务，另一些观众负责完成拆解任务；未配对任务是指观众在博物馆中从事不同的无关任务，例如一些观众在完成拼合任务，另一些观众在通过系统查询物品的相关介绍信息。博物馆自然交互对不同级别观众间的任务配对所提供的支持程度，将决定社交体验的最终效果。

同时交互是博物馆自然交互设计的一个基本问题，将交互减少到一次只有一个操作者并不被观众所接受，他们更喜欢灵活的解决方案。由于博物馆展示空间、感应装置和呈现设备等资源和条件的限制，当具有不同目标的多个观众在场时，可能会发生冲突而影响观众的观展体验。例如语音识别，嘈杂的环境和其他用户的声音都会造成很大的干扰，要尽力通过一些优化的设计手段加以避免。

社交功能的初衷是为了满足更多观众的体验，但并不提倡强制社交，单个观众也应该可以独自享受完整的体验。博物馆自然交互支持多重配对级别，让观众能够根据自身意愿来参与并行工作与执行任务。既允许观众中途加入，在不打扰现有观众的前提下轻松融入；又允许观众中途退出，尽量避免破坏他人的完整体验。需要设置充足的信息输入装置以满足众多观众同时体验的需求，并在参与体验的观众数量减少时继续提供完整的交互内容。此外，要避免不恰当的反馈信息，例如模棱两可的声音反馈，以确保不会对其他观众产生干扰。

## 三、情感需求

情感需求理论是博物馆自然交互实践的理论基石之一。它将认知心理学、现象解释学、情境心理学和体验哲学等理论与实践相结合，为博物馆自然交互的设计和实施提供了框架和原则。自然交互依靠多模态的交互设计，以模拟人类的情境发生、注意力、感知、模式识别、信息输入、转换和输出过程。在博物馆观众的认知心理研究中，发现观众走进博物馆本身就是出于情感意愿，而在体验过程中，情感变得更加丰富，可能会感到好奇、惊奇、兴奋、愉悦等，这些情感叠加会在观众的体验中产生记忆点的情绪。

马斯洛的需求层次理论认为，人具有从低级到高级的多样性需求。在人本主义心理学理论中，马斯洛提出人在自我实现过程中会经历从未体验过的兴奋与欢愉的感觉，称之为"高峰体验"[1]。这种超然的内心体验使人获得人性解放和心灵自由。因此，博物馆自然交互的设计不仅需要满足观众的功能需求，还要在情感上激发观众的兴趣和好奇心，为他们营造出高峰体验的互动环境。通过唤起观众的情感和情绪，博物馆自然交互可以提升观众的满意度，并为他们提供长期的记忆体验。这些积极且令人难忘的高峰体验通常会被观众拿来与他人分享，在社交平台上获得正面反馈，从而为博物馆建立良好的声誉。

此外，情境化的交互体验也是博物馆自然交互设计的重要方面。通过运用虚拟现实等多媒体技术，博物馆可以创造出沉浸式体验，为观众提供叙事结构和内容服务。在文化和人文主题展览中，博物馆可以通过情景再现、音效、氛围音乐、声光电特效和场景等元素，营造出身临其境的临场感和历史文化的沉浸式体验，从而有效地影响观众的情感体验。举例来说，如果博物馆举办关于人类捕鲸历史的展览，他们可以使用全球捕鲸船的实时数据、当时的音乐和声效等元素，创造出逼真的捕鲸场景。同时，博物馆可以设置一个互动区域，让观众使用真实的捕鲸工具来体验古时捕鲸的艰辛过程。此外，博物馆还可以利用虚拟现实技术，让观众潜入海底与鲸鱼共舞，获得更为深刻的情感体验。

观众情绪激励是自然交互设计中的一个重要方面。通过跨学科的设计，博物馆可以触发观众的情感，引导他们的情绪，并激发他们的兴趣、注意力和好奇心。在历史和人文类博物馆中，博物馆常常会通过展示特定的历史事件或者个人故事来鼓励观众产生同情的情绪。在一些特定的展览和博物馆中，可能会鼓励观众产生诸如愤怒、恐惧等情绪。博物馆通常利用这种二元对立的方式来激发观众的情绪，让他们获得情感上的满足。然而，博物馆在激发情感时应保持

---

[1] 车文博：《人本主义心理学》，浙江教育出版社，2005年。

独立性，不应站在道德制高点来替观众做出选择。每位进入博物馆的观众都应被视为个体，具有不同的需求和期望。一旦观众投入情感，他们在博物馆的参观活动就会变得格外难以忘怀，从而产生值得回忆的体验[1]。

# 第五节 基于技术依托

## 一、刺激引导

博物馆自然交互应该在适当的时候为观众提供最合适、最便捷的选择，以引导他们执行下一步操作，简化决策过程，并让观众在整个体验过程中获得愉悦和满足感。首先可以将大任务分解为小步骤，然后通过特定的提示或建议解决这些细分的小问题。自然交互的引导以鼓励积极探索为目标，提供有帮助的结构和情境，与传统学习中的记忆和重复方式有所不同。引导避免使用详细说明和参考信息，而是倾向于使用简单直接的提示，推动用户向前迈进，将学习和实践结合起来。观众在成功执行这些小步骤的过程中获得信息反馈，这贯穿了整个学习过程。

为了确保观众能够顺利体验博物馆的自然交互展项，需要在自然交互界面设计时考虑刺激引导的方式。心理学认为，人类的某些习惯是与生俱来的，而另一些习惯是通过在外部环境中不断接收到同类刺激和信息后形成的，即人们对相似刺激做出相似反应的习惯。研究表明，通过不断重复和强化人们的习惯化行为，自然交互可以为人们提供一种丰富而不枯燥的方式。现在，借助先进的高科技和人工智能技术，自然交互成为一种通过人们习惯性行为的刺激来获得信息反馈的交互方式，也是最易于被人们接受的交互方式[2]。如

[1] 尹凯、陈佳璐：《重思博物馆的互动及其本质》，《中国文物报》2023年第6期。

[2] 张辉、许坤：《用户习惯行为下的自然交互设计分析》，《辽宁工业大学学报（社会科学版）》2010年第5期。

果观众对物体的用途有所了解，他们就能够成功地与之进行互动。

然而，对于那些具有创新互动设备的展品，初次尝试的观众可能会遇到一些互动方式的问题。任何形式的互动都有一个起点，通过传达最初的刺激，观众会有意愿主动参与互动。自然用户界面会包含交互所需的提示，一旦开始互动，观众很容易理解系统的其他互动功能。自然交互界面有效的引导应遵循以下几点：突出显示按钮，与其他样式形成明显对比；对于出现两个及两个以上的并列按钮，需要明确的样式区分，以突出主次关系；提供简单的可以取消操作的功能；强调某些危险控件；元素之间的对比感明显。

自然用户界面会引导观众以计算机可理解的方式来表达他们的意图。例如，如果观众看到一块离自己很远的交互屏幕，由于无法触摸，他们通常会通过移动手臂来观察屏幕上的变化。体势传感器可以识别观众的肢体动作，并通过在屏幕上显示一些视觉线索来引导观众进行基于手势识别的绘画体验，使他们能够学会非接触式的自然交互绘画方式。博物馆自然交互的隐藏提示越多，观众就越容易理解和接受交互意图。

其实，即使没有给出指示，博物馆自然交互也可以通过激发两种源自观众本身的动力来促进交互，那就是直觉和模仿。因此，博物馆自然用户界面的设计可以利用观众的直觉和模仿学习，来更好地推动交互体验。

通过迎合观众的直觉，可以让观众迅速理解交互意图并立即上手操作。在好奇心的驱使下，观众试图参与博物馆自然交互，过程可能会持续数秒至十余分钟。在这段时间内，若能够轻松学会自然交互的方式，就能吸引并鼓励观众继续互动，从而进一步关注展览内容。因此，界面设计应该直观明晰，降低学习和认知负荷。威瑟（Weiser）认为："启示是世界上的一个物体与一个人的意图、感知和能力之间的一种关系。例如在门的侧边，可以通过提供一个扁平的推杆来提示开门的动作。"[1] 通过引入显性和微妙的提示，观众可

[1] Mark D. Weise, The Computer for the 21st Century. *Scientific American,* 1991.

以获得关于交互方式的提示，并通过系统对触摸等行为的响应进一步了解更复杂的交互形式。

模仿学习也是重要的一环。观众可以通过观察其他人与博物馆自然交互进行模仿学习，掌握使用方式和操作技巧。观众在等待互动时可以观察其他人的交互过程，从中学习展示的信息和操作技巧。在展示项目和空间环境的设计上，要让观众感到舒适和自在，创造一个轻松的环境，以帮助观众在被监视时感到放松。同时，要考虑观众的隐私需求，设计具有一定私密性的自然交互空间。

观众的模仿学习能力令人印象深刻，通过模仿学习，观众可以了解如何与博物馆的自然交互进行互动。这种方式既具有吸引力又具有挑战性，观众在模仿学习的同时也在探索和发现媒体空间的内容，享受整个体验过程。在等待互动的过程中，观众可以看到持续的体验过程。如果观众选择中途放弃体验，下一个体验者可能需要面对前一个体验者留下的界面，因此设计师需要考虑如何让观众继续体验完整的内容同时不泄露前一位体验者的隐私。

总之，博物馆自然交互的用户界面设计要直观明晰，通过提示和响应引导观众进行交互。模仿学习是观众掌握交互方式和操作技巧的关键，观众可以通过观察其他人的互动进行学习。同时，在空间设计上要考虑观众的舒适和隐私，创造一个愉悦和私密的交互环境。

## 二、化繁为简

化繁为简是一种设计方法，旨在通过简化信息加载量、简化冗余信息、采用直观的交互界面、动画和智能交互等方式，使复杂的信息易于理解和操作。

在当今世界，各种智能设备和信息载体都在争夺用户有限的时间和注意力。每时每刻都产生着海量的数据和大量的消息推送与提示，导致信息过载，人类获取和理解知识的能力难以跟上当今社会信息产生和传播的速度。同时，各种娱乐和消费内容也力图让用户上瘾。然而，当观众参观博物馆展览时，他们寻求的可能只是放松，而不是进一步的焦虑。因此，筛选无效信息和化简冗杂信息变得非常必要。

计算机具有较强的知识去重、筛选、复制和迭代能力，可以帮助观众在信息爆炸时代更有效地从展览中提取关键信息。在博物馆自然交互的展示中，设计师的目标不仅是帮助观众找到功能，更是探索让功能找到观众。引导和促进自然人机交互过程在恰当的场景、时间和观众身上发生，是非常关键的。

（一）少即是多

少即是多的理念并非仅适用于建筑设计，也适用于博物馆自然交互的设计。在设计中，化繁为简意味着用最简单的交互形式解决最复杂的问题，使观众能够便利而有效地完成复杂的交互任务。

简洁的表现样式可以更好地利用界面。通过摒弃命令行界面中的复杂交互逻辑和程序语言，抛弃预设的图形界面交互模式，复杂的任务和规则将得到简化。一个较好的解决方案是采用全屏和单一视图，使操作空间与媒体空间相一致，同时减少图形元素、字体和颜色，使交互界面更加简洁明了。简洁明了的交互界面设计，能够实现"少"即是"多"，"少"胜于"多"的实践效果。

避免传播信息过载也是"少"的重要内容。为了防止信息过载带来烦躁和焦虑，同时考虑到人类注意力的有限性，有必要将观众的注意力集中在关键信息上。此外，由于所有额外因素都会增加观众的认知负荷，因此展示的内容应该紧紧围绕主题，做到简明扼要。而合理地运用视觉意符和功能可供性等设计原则，可以有效降低观众认知和学习负荷，让交互方式更易上手，同时以更"少"的信息，达到更"多"的教育和传播效果。

但是，简化也应讲究适度。过度简化可能导致信息的丧失或观众对内容的不理解，而适度的简化却能够丰富和加强观众的认知能力。通过简洁明了的方式，我们可以有效地传递大量的展示信息，让观众更好地理解和消化所呈现的内容。因此，在博物馆自然交互设计的简化过程中，我们应当注重平衡，既要确保信息的完整性和准确性，又要保持足够的简单性，以便观众更容易接受和理解。这样的简化方式能够提升观众的参与度和学习效果，达到更好的传播效果。

### （二）隐匿无踪

在博物馆展览空间中，我们应让观众的注意力集中在展览内容上，尽量减弱空间和环境等非展览因素对观众参观行为的影响。博物馆自然交互通过各种传感设备来捕捉和识别观众与交互界面之间的交互信息。如果让观众意识到自己是在受到各种探头和传感器监视下参观，可能会感到受干扰，甚至产生焦虑情绪，这对参观体验不利。因此，博物馆自然交互需要让技术隐匿无踪地辅助展示内容。技术设备本身不应吸引观众的注意力，也不应诱导观众采取与日常生活相悖的行为，更不应激怒观众。在博物馆展览中，高级计算机系统与考古废墟形成鲜明对比，隐藏的技术与历史情境的再现达到完美融合。当观众希望进行互动时，展项可以及时被唤醒，触发提示信息，使观众能够有选择地体验展示内容。通过保障观众不被信息淹没，同时在最需要的时候提供最理想的体验效果，我们可以实现观众的最佳参观体验。

在博物馆自然交互中，应采用马克·威瑟（Mark Weiser）提出的宁静技术（Calm technology），让科技消失在背景中，最小化人的注意力，并让观众将注意力集中在展示信息本身，而非技术、环境或设备等其他因素上。博物馆自然交互的"隐匿"理念与之相符，我们不是要给设备添加更多功能，让设备拥有更多的功能，而是要给设备做减法，让自然人机交互无处不在，却又隐匿无踪[1]。

## 三、去中介化

为了有效地与自然交互系统互动，观众有时需要佩戴设备，如手柄、手套、头戴显示器等，以便计算机能够理解观众的行为意图。博物馆自然交互利用这些中介装备在观众行为和数字媒体之间建立

[1] Amber Case, *Calm Technology: Principles and Patterns for Non-Intrusive Design*. O'Reilly Media, 2016.

映射关系，并将可穿戴设备作为输入和输出设备，使触觉反馈和操纵空间成为可能。在当前普及计算机的时代，观众大多已经熟练使用鼠标、键盘等输入设备，从某种程度上讲，使用实体中介作为观众的操作方式可能更为习惯。

然而，尽管物理工具作为中介有助于有效的交互，但同时也带来了负面影响，主要原因是它们分散了用户的注意力，妨碍了展示信息的传播。博物馆自然交互需要尽量减少干扰观众的实体中介元素，如机械式摇杆、按钮，图形用户界面中的鼠标和键盘，以及自然用户界面的可穿戴设备，使观众能直接与界面进行交互。观众可以利用直觉和已有技能进行自由体验，使展示内容超越图形用户界面的限制，触手可及[1]。

通过去中介化，博物馆自然交互可以摆脱外部设备的限制，让更多观众同时参与体验，这是一种非常有效的控制手段。自然用户界面的一个重要设计理念就是简约而直观。博物馆自然交互的界面应该是最小化的，承载传播信息的虚拟元素应以极简化的图标和符号表示，让观众能够直接操作系统元素，给他们一种完全掌控的感觉。

## 四、无缝体验

无缝体验（Seamless Experience）是指用户与系统、设备间的交互过程流畅自然，没有中断或障碍。智能化的发展离不开无缝体验，它包含了两个层次：场景拓展和可感知的无缝。前者带来了流程上的无缝，后者指的是物理上可以看到、触摸到的一体化无缝体验。在博物馆自然交互展项中，为了实现无缝体验，需要认真研究博物馆场景和介质的变化。

回顾计算机的发展历史，旧的人机交互形式并没有随技术的发展而被取代。在硬件平台方面，尽管个人电脑得到普及，但大型计算机在特定领域仍然发挥着巨大作用。在交互形式方面，自然用

---

[1] Daniel Wigdor, Dennis Wixon, *Brave NUI World: Designing Natural User Interfaces for Touch and Gesture*. Morgan Kaufmann Publishers Inc., 2011.

户界面在日常生活中得到了广泛应用，但由于其精确性的缺失，并不会取代图形用户界面和命令行界面。

实际上，硬件设备可以分离或整合，各种交互形式也可以相互共存。举个例子，用户可以在一体机上使用电子表格软件（如Excel），在单元格中输入的公式即为命令，这种命令行界面元素与由 WIMP（Window-Icon-Menu-Pointer）构成的图形用户界面并行不悖。而这台一体机还可能配备触摸屏，用户可以通过手指翻看表格，这又涉及自然用户界面。同样地，数字智能式交互在博物馆中并不能取代机电一体式交互和人工机械式交互，三者应该相互共存，互相补充。

自然交互作为博物馆数字智能式交互的一种类型，具有特定的适用范围。它不仅要给观众带来自然的使用感受，还需要有效地传播展示内容。一旦观众被吸引并开始体验博物馆自然交互，他们应能快速理解操作方法，只需参与一会儿便能熟练操作。当观众沉浸在自然交互系统的无缝体验中时，也意味着他们已经愿意接受这种展示形式。

无缝体验设计策略主要包括流畅过渡、三维效果和响应时间等方面。

（一）流畅过渡

无缝体验的首要要求是交互过程的流畅性。在创造动态感时，所有元素的画面变换和介质过渡应该自然流畅，不应当产生明显的状态转变。每个对象的属性变动应适中，避免发生突然出现或突然消失的情况。以视觉输出的博物馆自然交互为例，可以使用过渡动画或特效来传达状态的改变。必要时，即使观众没有进行操作，依然要保持这样的动态效果，以实现更加自然和真实的视觉体验。

无缝体验消除了真实世界与虚拟世界之间的差异和观众与操作环境之间的隔膜，使观众能够沉浸于虚拟环境中，从而成功地消除观众的不信任感。当观众操作物体时，他们能够迅速获得令人兴奋的融入感，这正是得益于这种流畅的无缝体验。

为了保持观众的信任感，系统必须持续地对观众的指令做出响应，并以观众期望的方式展示信息。博物馆自然交互系统的反馈必须迅速且敏感。如果系统反应迟缓或反馈异常，那么虚拟环境就会失真，观众的体验也会受到破坏。无缝体验是脆弱的，任何微小的干扰都可能导致最不利的结果，因此对设计师来说是一种能力和技术上的挑战。

通常情况下，观众在体验互动内容时往往需要先观看教程或听取解说，然后再进行操作。在理想的博物馆自然交互体验中，操作不仅非常流畅，没有犹豫不决，而且观众还能察觉到自身与系统之间的联系，获得沉浸式的体验。

博物馆自然交互需要在空间和时间上避免中断。超文本和标准用户界面提出了一种视觉中断序列的模型，例如从一个页面到另一个页面，或从一个对话框到下一个对话框。然而，自然用户界面的无缝本质允许平滑导航在不同细节之间进行，完全消除了视觉中断。在博物馆自然交互中，连续缩放是一种强大的工具，它可以让观众意识到每个细节在整个上下文中的位置，并允许观众从一个细节导航到另一个细节，或从一个细节导航到更高层次的上下文。淡入和淡出在音频领域中是相同的概念，它们可以平滑地过渡和混合不同的音频元素。

相比而言，图形用户界面中的命令下达通常是不连续的，例如点击鼠标或敲击键盘。而在自然用户界面中，事件是通过特定的动作来触发，例如来回移动手指和停留，具有一定的持久性。自然用户界面的进度信息需要透明化，以让观众知道发生了什么。

自然用户界面在空间和时间上是无缝的，连续流畅的交互不仅有助于数据的可访问性，也让交互的最终呈现效果像真实的物体一样。传统的图像用户界面通常把空间进行刚性划分，而自然用户界面提出了由数学模型控制的流动的、灵活的划分方法。

（二）三维效果

传统的图形用户界面通常是二维的，虽然可以通过一些技巧模拟三维效果，如增加透视感、阴影和层叠元素等，但仍然无法真正脱离平面的限制。与此不同，自然用户界面超越了图形用户界面的限制，可以呈现真实的三维感，给用户带来更深的沉浸感。然而，这并不意味着三维界面一定优于二维界面，因为有时候过于复杂的三维环境可能分散用户的注意力，导致疲劳和晕眩。

在一个多观众操作的博物馆自然交互系统中，需要注意观众之间的视图变化不能相互影响。除非任务高度耦合，否则不要让一个观众的操作改变其他观众的视角，以免影响其他观众的体验。观众应该能够在一定距离上清晰地看到和识别展示的对象、内容和其他元素，而当他们接近观察时，可以看到更多细节，如详细信息、纹理和轻微的反射等。观众与系统交互时，通过各种感官反馈可以发现更多精细的内容。

有效地利用三维空间可以大大提升博物馆自然交互的体验。通过提供类似于真实世界的环境，观众能够感受到更加舒适自然的氛围。不同的媒体适用于不同的场景，因此准确地使用各种媒体非常重要。例如，我们可以在屏幕上排列和移动照片、视频、图像和图纸等二维内容，以实现预期的效果。插入不同的图层、使用颜色控制和溶解效果等是整合视觉数据的强大解决方案，同时缩放和平移效果能够有效地表达从整体到细节的变化和运动。弧幕和球幕是无缝拼接系统，通过计算机投影形成整体效果，给观众带来极强的体验和沉浸感。例如，瀑布式地幕可以让观众感受到在空中漫步或者在水中漂浮的奇妙感觉。此外，根据展示的内容不同，可以与柱幕、折幕等结合展示，以直观清晰地呈现主题，也可以设计与观众互动的展示方式。

三维内容可用于展示虚拟对象或环境，根据交互级别的要求，它可以是预先录制的，也可以是实时呈现的。从技术角度来看，预先录制的三维视频可以达到令人印象深刻的电影特效水平，通过合理安排镜头以实现无缝衔接。而实时渲染则提供了完全的交互性，每一帧的视觉效果都受到用户输入数据的影响。然而，由于设备性能的限制，特别是显卡算力，实时渲染的画面质量通常比预先录制的影像要低。

### （三）响应时间

响应时间对于博物馆自然交互的流畅性是至关重要的。从技术的角度来看，我们需要尽可能缩短响应时间，以确保交互过程足够流畅。所有这些组成部分都必须被有效地整合在一起，使其在观众面前融为一体，并营造出与整体实体互动的错觉。为了传达这种错觉，我们需要实时的感知、解释、行为模拟和信息渲染。任何反馈循环中的延迟都会导致交互变得不可行和令人沮丧。对于离散的指令，例如手势指向，观众可能最多能容忍 600 毫秒的响应时间，而对于连续命令如拖放，最大响应时间通常为 150 毫秒。由于需要同时处理多个摄像机视频流、模拟系统行为以及呈现视频和音频，这就带来了对整个过程进行优化的挑战。

在交互中，最好将内容分为视觉和听觉等不同层面，而不仅仅是传统的单一信息呈现方式。这种多层次的呈现方式有助于增强学习能力。对于不同类型的视觉和音频媒体，我们也需要进行区分。将不同级别的信息编码成清晰明确的表示形式是有效传达含义的方法。这样的分类和编码有助于观众更好地理解和消化所呈现的内容，同时尽可能缩短响应时间。

## 第六节　运营和管理

### 一、开发模式

博物馆展览中自然交互的开发过程需要考虑多个因素，包括内容叙事、观众体验需求和技术依托等。要打造一个理想的交互展示项目，博物馆需要在前期规划阶段积极参与讨论决策，并在实施过程中进行协作和讨论。此外，还需要组建一个专业的技术团队，团队成员包括展览策划人员、交互设计师、程序员和信息技术专家等，以确保在项目开发过程中能够实现专业分工协作和技术的无缝对接，从而顺利完成交互设计开发。同时，在后期也需要有专业的系统维护和管理人员，以确保博物馆的交互展示项目能够正常运营。

然而，现实情况往往并非如此理想。许多博物馆缺乏自己独立开发展品的经验和资源，在设计交互展览时常常会遇到各种障碍。有时博物馆相关部门的员工在设计交互展品时难免会出现一些不合理的情况。如何确保制作的自然交互展品能够尽可能地与最初的构想相符，并尽量减少风险，是博物馆自然交互展示项目所面临的重大挑战。设计者和开发者之间常常存在着决策协调方面的困难。设计者需要全面把握整个展览的理念，并有时要参与展品的制作；而开发者可能只对设计理念有一个大致的了解，并将其转化为展品。由于双方可能对整个展览的理念缺乏整体认知，这可能导致设计的可行性出现问题。开发者可能会指出设计理念的不切实际性，无法实施，因此他们不得不对设计进行修改，直到找到可行的方案。

在博物馆自然交互的开发模式中，主要存在三种方式：外包委托模式、流程监管模式和团队协作模式。每种模式在不同情况下都有其适用性和优势，需要根据具体情况进行选择。外包委托模式适用于博物馆本身没有足够技术资源的情况，可以将项目委托给专业的外部团队来开发。流程监管模式适用于博物馆拥有一定技术能力，但需要外部专业团队对其开发过程进行监管和指导。团队协作模式则适用于博物馆内部拥有完整的开发团队，可以通过内部团队的协作完成项目的开发。不同的模式有不同的优势和适用场景，博物馆需要根据自身情况进行选择。

（一）外包委托

在外包模式当中，博物馆只需撰写传播目的和设计纲要，并与招标成功的展品设计公司签订合同。将博物馆自然交互的开发制作任务交给设计公司，由对方来构想故事线、设计展品、制作展品并负责安装。设计公司的职责就是将设计及其理念变成完整的互动展品，博物馆作为客户只需直接采购最终的成品。除了人数众多的传统设计人员，展示设计公司通常还有一批策划经验丰富的人才，在必要时还会招募相关领域的专家，例如分包施工任务的项目经理。对博物馆来讲，这种模式的优势是设计和开发由设计公司全权负责，可以免除一些风险。因为创意过程由一家公司掌控，效率会更高。

但外包委托的模式显然存在一些潜在的弊病。首先，虽然博物馆避免了招聘额外内部员工的麻烦，但由于设计公司基本掌握了从设计到施工的所有环节，所以在定价收费上具有主导地位，容易导致成本高昂。其次，如果展览目标不够明确，或者开发过程监管不力，最初的展品理念可能会在层层传递过程中扭曲和失真，容易导致展示目的和最终成果的脱节。最后，虽然展品设计人员可能是专业的优秀设计者，但他们未必是教育专家与评估专家。虽然许多设计公司也会在这些领域补充人力，充实设计团队的专业水平，但是毕竟术业有专攻，教育和评估的诉求很难在开发过程中体现。设计人员通常倾向于用审美和创新的眼光来评判，而忽略博物馆自然交互教育与传播的需求。

（二）流程监管

全权委托的外包模式可能并不能保障博物馆自然交互展品的成功，对整个设计与开发流程进行有效的监管是非常重要的，只有这样才能保证传播、教育、技术和安全的因素都得到考虑而不在开发过程中被不断妥协。博物馆在与设计公司合作之外，有必要招募馆内的工作人员、独立的项目经理、其他的教育和评估专家来全程监督展品的设计与开发过程，保证对开发过程的控制，让最终成品尽可能符合最初的设想。这种流程监管的模式可能不如外包模式那么高效，但是被越来越多的博物馆采用，以保留对开发过程的知情权和控制权。

（三）团队协作

团队协作意味着在博物馆自然交互的开发阶段，设计者、管理者、开发者、制作者等人员保持着良好的团队协作关系，馆内外力量各司其职，通力合作。在一个自然交互创新项目的研发过程中，博物馆作为组织者调动多方面的力量，建立跨部门与跨界协作机制。一方面，要求博物馆内部各个部门包括策展部、信息管理和技术服务部、教育和讲解部、设计部等通力合作；另一方面寻求外部优秀的专业公司进行深入合作，负责博物馆自然交互的创意设计与技术开发，并聘请外部的有关专家作顾问。

总之，博物馆自然交互展项的设计开发是一项全新的具有挑战性的工作，投入大，开发时间也相对较长，在整个展览中具有举足轻重的作用。要根据各馆的实际，建立合适的团队和开发模式，才能确保开发的交互展项达到预期的目标，最大限度地满足无缝体验、用户友好、拓展性强、可持续性和协作性强的专业要求，从而更好地满足观众的学习、互动体验需要，成为博物馆能够吸引观众的独具特色的新亮点。

## 二、预约系统

博物馆自然交互的内容往往能够吸引众多观众前来参观，为了维持和保证高水平的服务，减少排队的人群，展览通常需要开发预约系统。如果观众是通过预约来参观的，那么对展示内容的期待值可能会更高，因此，预约系统既是博物馆的自然交互的管理工具，也是营销工具。预约系统的开发建立有助于博物馆更好地管理交互展项的参观流量、提高安全性和提供更好的参观体验，并很好地开展推广活动。

成功的预约系统要在观众容量和参观体验之间找到平衡。一方面，要最大限度地在展厅容量内保障有序入场，避免预约时间过于接近导致的参观拥堵；另一方面，也要保证观众一定的参观时间，并为不可预知的突发情况预留灵活空间，避免因为观众未准时到达而导致的设备闲置。博物馆自然交互通常有最佳的观众容量，如果超过观众容量，观众体验会大大降低，学习质量也会大大削弱[1]。控制观众容量对于避免拥堵和观众排长队、为观众提供足够的舒适度、确保团体参观的体验质量、并满足消防和其他安全需要都很有必要。除了控制展览的观众容量，还要控制参观时间，尤其是在高峰期规定最长参观时间。

[1] [英] 蒂姆·考尔顿：《动手型展览》，高秋芳、唐丽娟译，北京师范大学出版社，2019 年。

预约系统要为参观团队提供固定的访问时间段，在这个特定时间段可以让团队参观人群优先或者独家体验自然交互系统。但是，在假期等高峰时间段不宜允许团队预约，或是给予预约团队优待，因为这样可能会引起其他散客的不满。在周末及非高峰时期，应当鼓励团队预约来增加观众，以提高自然交互展项的观众利用率。预约系统要提前了解参观团体的抵达和离开时间，尽量错峰安排。针对团队人群的提前到达、迟到、不能到达等情况设定预约措施，从而防止后续参观人员的超负荷。参观团体的路线规划需要根据不同的情况适时调整，应当允许观众自由参观。迎宾人员对观众的满意度起着至关重要的作用，他们应在需要时告知互动建议规则，也应让观众自由尝试并享受体验。

在确定预约系统的定位和需求后，就可以考虑设计、开发和利用线上预约程序，来实现网络化的多点预约、智能规划、数据统计等功能。网上预约系统将博物馆空余的可预约时间段以及可用的自然交互设备展项进行信息可视化，方便观众进行选择，同时应尽可能降低预约的难度，缩短预约的流程和时间。

## 三、故障维修

博物馆自然交互展项的故障维修和运维是非常重要的，需要由专门的人员进行维护和管理。运维人员需确保设备始终处于正常工作状态，包括监视设备的运行内存、存储空间与网络连接情况，并定期更新设备的操作系统和应用程序。此外，运维人员还需要备份重要的数据和文件，以避免数据丢失和影响展示效果。

博物馆的自然交互通常是在展览开放时间运行，甚至是全天运行，维护成本通常较高，在长期使用过程中，发生一些故障问题无可避免。如果博物馆自然交互的展项因为故障无法使用，那么对于博物馆来说，之前设计、开发、评估等的工作都失去了意义，甚至会对博物馆的形象造成不良影响，观众的期待也因为无法体验降到冰点。维修不及时会导致投诉大量增多，因此无论如何都要尽量避免故障，并在意外发生时及时修理。运维工作应注意：

1. 定期进行例行检查。对于常设展览来说，定期的针对性检查可以让博物馆展览的运营管理者及时知晓展品的故障情况，必要时进行报废。通过对于损坏率、故障原因、使用时间等数据的量化分析，结合观众的意见反馈，为后续的展品维修和开发提供指导意见。

2. 及时获取故障反馈。博物馆自然交互的展项本身，以及在其之外的空间，都要为观众提供故障反馈及报错的区域。展览解说员在陪同参观时，也可以观察观众的体验过程，从而发现可能出现的故障。

3. 及时维修和调整。博物馆工作人员在发现故障后，需要做出及时调整。首先要关闭出现故障的设备，必要时关闭与之配套的设备，甚至可以切断电源。然后设置标示牌来提醒观众设备出现了故障，告知观众维修完成的大致时间。根据自然交互展品的重要程度来决定维修的优先级，与展品制作方商议维修费用。最后与展品制作方负责相应展品维修的技术人员进行有效对接。

4. 及时采取科学有效的维修方案。维修人员接到馆方的故障报修信息后，要在第一时间到现场排查检修，查明故障原因是硬件、软件，还是外部系统出现问题，并针对故障原因制定切实可行的维修方案，决定是现场原地维修，还是需搬现场维修。如果问题与硬件相关，问题较为严重无法快速修理，可以考虑用备用设备进行针对性替换。若在展厅原地维修，维修时要用临时栅栏对施工场地进行隔离，避免观众进入，离开时要对场地进行清理。如果需要将故障设备从展厅移出进行维修，并且没有备用的设备，可以用临时的常规图文内容来取代自然交互展品，弥补信息传达的缺失部分，避免出现展览内容信息的不连贯。

## 第七节　小　结

尽管自然交互的形式纷繁复杂，但对于博物馆展览而言，展示与诠释应当从传播内容与表达策略出发，技术形式应该为内容服务。

要充分发挥博物馆自然交互的传播优势，同时确保良好的运营和管理，以吸引观众并提供良好的参与体验。

博物馆自然交互设计的成败取决于是否符合传播目的，而用户体验研究是核心方法。这包括用户分析、人因研究以及产品发散、设计、测试和迭代。应以观众为中心，针对观众体验需求进行交互展项的研发工作。博物馆自然交互具有较强的人文关怀，作为非正式教育机构，自然人机交互的去中介、无显性干扰的特点对博物馆观众非常友好，具有很大的吸引力。

博物馆自然交互使用的技术并不能定义系统的性质，技术只是创造交流空间或人工制品的工具。与早期的界面相比，如今的界面设计更加注重与人类感知特性的一致性。尽管这些界面仍然存在一定的技术限制，但是在观众体验方面，我们不能妥协。博物馆自然交互不应该被某一种具体的技术所代表，交互模式是技术与技术、技术与博物馆之间的有机融合。我们需要解决如何让众多智能设备与博物馆展示环境和谐共生的问题，以更好地为观众提供服务。

我们需要探索博物馆自然交互的设计方法，寻找解决设计问题的有效方法。为了更好地服务观众，实现传播目的和教育目标，博物馆还需要针对自然交互系统建立一套行之有效的运营管理方法，在经济条件和人力资源范围内，尽可能发挥自然交互系统的作用。

# 第六章　博物馆自然交互的评估体系

## 第一节　评估体系框架

### 一、总体框架

博物馆自然交互评估体系的研究是一个新领域，目前尚不成熟和完备。由于博物馆具有两重性，因此博物馆自然交互需要进行外部和内部的双重评估。外部评估关注宏观层面的内容，例如社会影响力、文化宣传力、公众认可度和行业声誉度等，涉及的面很广，相对比较主观，评估难度高。内部评估是重点讨论的内容，总体框架聚焦于六个方面：评估标准的制定、评估目标、评估方法、数据收集和分析、问题解决和优化、周期性的测试。

评估体系应与博物馆自然交互设计的总体框架相互呼应，重点确定内容叙事、观众体验和技术性能等方面的评估目标，并为每个目标制定相应的评估标准。这样可以全面评估博物馆自然交互展览的各项指标，作为整体评估的依据。针对不同的指标，应当选择合适的评估方法。这些评估方法可以是定量的，例如问卷调查、用户评分等，也可以是定性的，例如用户观察、用户反馈、用户体验分析等。在评估过程中，需要收集来自用户反馈、用户行为以及系统等方面的相关数据，并加以分析。通过分析这些数据，可以确定博物馆自然交互展示的潜在问题和优点。评估体系需要解释和处理收集到的数据，并提供指导性的意见和建议。这有助于进一步优化博物馆自然交互展示，修复存在的问题，改善参观者的体验和展示效果。增加特定的评估周期，有助于评估体系的精细化升级，进一步提高博物馆自然交互展示的效果和质量，并及时解决出现的问题。

评估标准的制订是一项技术性很强的工作，具体应遵循以下原则：

1. 全面性原则。评估指标应全面覆盖博物馆自然交互展示的内容、用户体验、技术性能和教育科普等方面。

2. 可操作性原则。评估指标应具有可操作性和实施性，并且能够通过具体的评估方法和数据收集方式，获得可靠的评估结果。

3. 实用性原则。评估指标应具有实用性，能够为博物馆自然交互展示的改进和优化提供重要的意见和建议。

4. 长期性原则。评估指标应具有长期性，在博物馆自然交互展示周期实施，以反映评估结果改进的效果。

## 二、评估目标

内部评估是指博物馆系统内部针对博物馆自然交互的评估。博物馆自然交互的使用场景是博物馆展览，使用者是观众，使用对象是自然交互展项。博物馆自然交互的内部评估，离不开"博物馆""观众"和"人机交互"这三个关键词。

艾伦·迪克斯（Alan Dix）等人认为，关于人机交互系统评估主要的目标为"系统功能""用户体验"和"特定问题"[1]。在一定程度上，这也适用于博物馆自然交互的内部评估。"系统功能"主要评估博物馆自然交互的技术性能指标，从系统的稳定性、可用性、响应速度、安全性等方面制定评估标准，同时还应着眼于系统的运行和维护，以确保系统平稳地运行，并且可以快速定位和解决故障。"用户体验"着眼于用户需求，主要评估观众使用交互展项参与互动时，在认知、体验、情感等方面获得的收获和感受。"特定问题"主要评估在博物馆展览这个语境中，自然交互展项是否能够解决博物馆展览中存在的痛点，可以从传播目的和内容、教育和科普性等方面进行考虑。内容方面，应涵盖博物馆自然交互展示的主题内容和叙事结构，包括展示内容与主题的关联性、展品的选择、展区的划分和搭配、信息呈现方式等，评估标准应注重展示效果，根据展示的目的来选择展品和设计内容。

首先，博物馆自然交互评估将评估目标细分为各项子模块，确定每个子模块的评估内容，既包括外部的社会影响力、文化宣传力、公众认可度、行业声誉度等，也包括内部的内容、观众、技术、其他（设计美学、人体工学、空间协调）等，还涉及一些硬性前提，包括交互设备的安全性、耐用性、稳定性、卫生性等指标。其次，设定评估因子，根据各项因子的重要性确定权重，针对每项评估内容制定合适的评估方法。再次，根据需求，在各个时间阶段对博物馆自然

[1] Dix A., Finlay J., et al., *Human-Computer Interaction*. Upper Saddle River: Prentice Hall, 2004.

交互进行综合评估，完成数据采集和统计分析。通过这样的评估过程，能够全面了解博物馆自然交互的表现，并为改进和优化提供有价值的指导。

## 三、评估指标

评估标准制定需针对每项评估目标设定合理的评估指标（图22）。具体来说，内容子模块评估因子包括内容和传播目的的吻合性、和主题的关联性、信息冗余度、传播内容的新颖性、传播内容与观众认知取向、社会价值观的匹配性、负面影响、传播效果和展览预期的吻合度等；观众子模块评估因子包括观众参与人群结构（年龄结构、文化层次、性别结构）、观众走线、平均停留时间、观众体验与观众期待的匹配性、认知效果、注意力影响、对该展厅的观众参观时长影响度前后对比、回头率、观众意见反馈等；技术子模块评估因子包括可用性、易用性、展览呈现效果、技术模态、隐匿性、去中介化、操作误差率、是否有无用操作、设备灵敏度、系统响应时间、系统反馈延时、系统报修情况等。

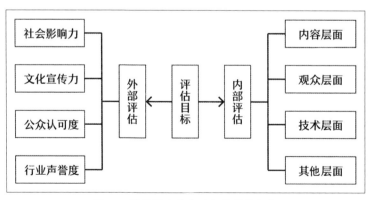

图22　博物馆自然交互评估总体框架

# 第二节　评估的内容

## 一、内容层面

博物馆是非正式教育机构，博物馆展览是一种文化载体，自然人机交互系统需要为博物馆展览的传播内容服务，不能喧宾夺主，本末倒置。违背传播目的的自然人机交互展项可能会让观众感到疑惑与困扰。博物馆自然交互评估的首要目标，是评估展示的传播目的和价值内涵，而非呈现方式和技术高低。具体来说，内容层面的评估主要从传播目的、传播内容、传播效果三个方面进行考察。

（一）传播目的

首先，传播目的必须清晰明确，不能模糊不清。很多展览自身的传播目的就是模糊的，自然交互展项设定的传播目的也就不明确，传播目的不明确会严重弱化知识传播效果，有时还会给展览带来负面影响。在很多展览中，自然交互展项是展览图文展板的重复呈现，从传播信息上看都是冗余的信息，内容空洞或缺乏新意，这样容易导致自然交互的意义丧失。其次，传播目的要围绕展览主题，不能过于强调娱乐性。博物馆应当掌握主动权，不可背离教育传播目的的盲目应用技术，让博物馆自然交互的内容过度娱乐化。再次，传播目的要积极向上，避免对观众造成不良影响。博物馆自然交互的互动性非常容易吸引年轻的观众群体，绝不能为了迎合年轻观众的喜好而设置暴力血腥或是不良的内容。展览通常需面向全年龄段的观众人群，要更加关注博物馆自然交互对于儿童潜移默化的影响。

（二）传播内容

传播内容评估主要关注传播内容和展览主题的关联性，检查自然交互展项的传播内容是否符合最初设定的传播目的，与展览主题是否达到高度一致。观众接收的信息越符合最初的传播目的，与传播目的关联度越高。自然交互系统通常作为博物馆的亮点，寄托着博物馆与观众进行沟通对话的期望，由于设计费时、耗资较高、维护困难等原因，在设置之初就备受关注。自然交互内容必须要有效实现传播目的，才能发挥出应有的价值。

（三）传播效果

传播效果评估主要考察观众对于博物馆自然交互的接受效果。观众认知改变越多，传播效益越好。在展览评估中，关于走线的评估是非常重要的环节，可以很好从观众行为逻辑来评估展览的传播效果。"走线"是由观众在室内室外移动的点连接而成，其设计尤为重要，主要有三点要求：一是让观众出入有序，不易迷路；二是让观众在移动时没有障碍，感到舒服；三是必要时将展览信息按顺序在动线排列便于观众理解。针对参观动线进行的评估主要基于跟踪观察法。自然交互展项作为展览走线的重要节点，评估内容与指标和动线设计的要求是对应的：一是观众在体验中的起始点和结束点的停留时间；二是观众在体验过程中的流畅度；三是观众行为与展项预期效果的吻合度。

以美国克利夫兰艺术博物馆为例，交互式展览"Gallery One"中最醒目的便是"收藏墙（Collection Wall）"这个巨型多点触摸屏幕。屏幕实时显示博物馆当前展出的 4500 件艺术品，每 30 秒更新一次内容（图 23）。观众不仅可以纵观全局，还可以以诸如"爱""欲望""肖像"之类的主题进行检索。"收藏墙"在 2012 年推出时，尽管耗资

图 23　克利夫兰艺术博物馆"收藏墙"展项

不菲、效果震撼、广受欢迎，但却受到诸多来自博物馆学界的质疑。专家们担忧这种互动装置非但不能让博物馆更好行使教育和传播职能，反而会因滥用技术而沦为肤浅的娱乐。跟踪观察法的调查结果显示，使用"收藏墙"并不能鼓励观众继续走入实体展厅观赏真品。

## 二、观众层面

博物馆自然交互的评估主要以用户为中心展开，其观众层面的评估内容实际上是对观众行为的研究。评估（evaluation）和研究（research）在本质上是不同的。评估针对的是具体的展览，通过评估展览的价值来进一步提升展览的质量，而研究则是为了总结更广泛的知识。可以说研究也是评估的一种，但并非所有的评估都属于研究范畴[1]。

对于观众的研究内容非常丰富，对观众研究内容的分类也多种多样。亚洛维茨（Yalowitz）等人认为，通过观察，我们可以了解观众的四个方面信息，包括"人口统计学变量""情境变量""静态行为""其他行为"[2]。目前，针对观众体验的评估主要从五个方面进行考察。一是观众参与度：主要评估观众对交互展项的参与程度。可以通过分类统计不同年龄段观众参与互动体验的数量、频次、参与时间以及参与互动的行为和方式等来进行评估。二是观众体验感：包括易用性、可理解性、吸引力、愉悦感等方面。博物馆自然交互设计对于观众来说必须要易于操作，能够迅速上手，并能吸引他们的注意力，从而形成良好的互动体验。三是环境氛围，也可称为临场感：主要评估交互场景和营造的氛围是否能给观众带来沉浸感和愉悦感。四是反馈回应：评估系统对于观众反馈的及时性，以及系统根据反馈提出建议、做出调整的响应时间。五是个性化服务

---

[1]  George E. Hein, *Learning in the Museum*. London and New York: Routledge, 1998.

[2]  Yalowitz S., Bronnenkant K., Timing and Tracking: Unlocking Visitor Behavior. *Visitor Studies,* 2009.

等：针对不同观众的个性化需求定制互动体验，以满足他们的不同需求。

如果以观众参与博物馆自然交互的时间来进行分类，可以分为参与前、参与中、参与后三个阶段。

参与前的评估内容主要为观众的人口统计学分析、参与动机、预期效果等。人口统计学分析，包括年龄、文化层次、性别、区域结构（分本地常住人口和流动人口）等评估因素。关于观众的分类，海金斯（Haggins）、伍尔夫（Wolf）、提米斯（Tymitz）、毕克奈（Bicknell）、曼（Mann）等学者都提出了有着比较明显差异的分类方式。观众的年龄结构可以分为幼儿、少儿、青少年、青年、中年人、老年人等，文化层次按学历可分为学前、小学生、中学生、大学生和研究生。关于参观动机，马梅乐（McManus P. M.）、赫德（Hood M. G.）、普兰缇（Prentice）、弗兰克（Falk J. H.）和迪尔金（Dierking L. D.）等学者都在研究后提出了自己的分类。其中弗兰克认为"与个人经验和认同建立联结"的自我实现需求是参观博物馆的主要动机。笔者总结之后认为观众的参观动机主要包括：兴趣爱好、陪伴家人、社交互动、学习知识、开阔视野、回顾历史、休闲娱乐、探索发现、精神认同等。

参与中的评估内容主要为观察言谈举止、关注注意力分布、记录体验用时、评估认知效果等。目的是了解他们在参观时的思想活动和参观本身的感觉。参观中的评估不仅包括观众的交互体验，更重要的是系统对观众的影响，其中最主要的便是对认知的影响，还可能包括情感回应和精神触动。但这并不意味着一定要促进学习，对那些认知负荷已经很重的展览，自然交互还需要考虑是否能让观众得到休息和放松。对于驻留时间的检测也是重要的评估环节。随着参观时间的积累，观众的参观行为往往由认真浏览逐渐转变为闲逛放松。博物馆自然交互是否提高观众的兴奋度，尽可能降低疲劳的副作用，就体现在观众的参与热情和停留时间上。

参与后的评估内容主要为观众满意度、重复参观率、意见反馈、长期受益影响等。观众满意度是衡量展览质量和观众体验的重要指标。

通过调查问卷、面谈和访客统计数据等方式，博物馆可以了解观众对展览的满意程度。这包括展览内容的吸引力、展品的质量和多样性、展览的互动性以及展览的整体安排。博物馆可以根据观众的反馈和评分来改进展览内容和设计，以提升观众的满意度。重复参观率是评估展览吸引力和可持续发展性的关键指标。如果观众对展览印象深刻且满意度高，他们更有可能再次参观。博物馆可以通过访客统计数据和调查问卷等方式，了解观众的重复参观率。如果重复参观率较低，博物馆可以根据观众的反馈来改进展览，使其更具吸引力和再次参观的价值。观众的意见反馈对博物馆改进展览设计和提升体验至关重要。博物馆可以通过设置反馈渠道，如建议箱、在线调查或社交媒体平台，收集观众的意见和建议。观众的反馈可以涉及展览内容、互动方式、展示风格、服务质量等方面。博物馆需要仔细分析观众的反馈，识别出改进的机会和问题，以不断提升展览的质量和观众体验。长期受益影响是评估展览的持久价值和社会影响的重要因素。博物馆展览不仅是为了提供一次性的观赏体验，更重要的是要对观众产生长远的影响和启发。长期受益影响可以通过观众后续的行为改变、知识增长和情感体验等方面来评估。例如，观众参观后是否追溯相关的学习资料、参与相关的社区活动，以及对所学知识的应用等。通过跟踪观众的长期受益影响，博物馆可以了解展览对观众的持久影响，从而更好地满足公众教育和文化传播的目标。

## 三、技术层面

博物馆展览自然交互设计与开发中，系统与技术的评估起着重要的作用。这一评估旨在确保系统能够达到预期效果并满足用户需求。在评估过程中，应着重关注问题的根本原因，并对其进行纠正。

技术层面的评估主要包括人机交互界面和交互设计的 UX/UI 评估。这种评估主要考察交互设计是否具备用户友好性、可用性和易用性等特征。特别是可用性评估，涵盖有效性、效率和主观满意度等方面。此外，还需考虑互动效果（Interaction Effect），包括信息传达、吸引力、情感反应以及感官和认知刺激等。评价过程应综合考虑评估人员和受评者的反馈等多个方面。最后，还需要评估技术可靠性（technical reliability），其中涵盖硬件和软件的稳定性、容错能力，以及安全性和隐私等方面。确保这项技术不会造成意外损害或数据泄露是非常重要的。通过这些评估和改进，博物馆展览自然交互设计与开发将能够更好地满足用户需求。

在人机交互领域，有多种指标可以评估交互系统的有效性，包括性能速度、错误数量、任务完成时间以及对质量和简易性的感知等。记录下检测、环境外观的剧烈变化、观众选择以及长时间的犹豫等事件，并存储相关的日期、时间、变量值和摄像机图像，有助于评估交互系统。这些数据也可自动发送至远程电子邮件地址，或用于生成特定的警报。在设计阶段，我们应严格遵循这些评估指导，在安装时添加日志代码，这是成功实现自然交互的关键。

"自然交互"概念主要强调系统的学习便利性，简单易学的系统会更加自然，而学习的简便程度也取决于使用者的现有技能。例如，一个从未学过如何使用鼠标的观众可能会发现即使是最简单的图形用户界面也很难使用。因此，交互设计师有必要了解观众如何利用现有技能进行自然交互。

为此，可以准备一个没有真正功能的简单设备进行测试，例如一个大型垂直屏幕或地板投影，在其中嵌入媒体对象或物理对象，再邀请不同年龄段的普通人参与设计过程，并观察他们在设计阶段的行为。这是交互设计师进行用户体验评估和获取新想法的好方法。观众可能试图激活电影、推动虚拟按钮、放大图片、滑动滚动条等。而孩子和老人由于缺乏足够的经验，可能会做出不可预测的行为。在原型实现后，当系统正式运行时，应采用相同的方法测试实际工作时的表现，并观察观众的行动、感知、发现和交流，从而获得评估信息。博物馆自然交互的目标是通过明确的指南将观众从笨拙、紧张的新手状态迅速引导到熟练、流畅、舒适的使用状态。根据具体使用环境的特征，才能实现自然交互的最大成功。

博物馆自然交互的可用性评估是国内外学者对博物馆自然交互

研究的重要课题。路易斯（Luis）等学者在一项关于"自然交互和运动范式——对支持Kinect的博物馆交互装置的可用性比较研究"[1]中，通过在博物馆环境中使用一个自然交互移动装置，用以控制用户在考古重建虚拟模型中的移动操作，来评估和比较"隐喻的"和"自然的"两种不同的自然交互模式的可用性。这个装置系统是在一个游戏引擎上实现的，能够使用Kinect 2深度摄像头通过身体姿势分析获得用户输入模式的相关数据。这是对博物馆较为常见的自然交互装置展项的可用性效果评估的研究案例。

## 四、其他层面

### （一）设计美学

博物馆是一个富有美感的环境，而自然交互展项应该是具有美感的艺术装置。设计美学与媒体内容的质量、整体设置及其与周围环境的融合密切相关，影响着观众行为、意图、反馈。设计美学的内容很宽泛，应该把自然交互展项、整个展示空间、其中的观众作为一个整体来考虑，将虚拟元素、真实世界、观众行为相协调。通常来说，极简的设计反而比复杂的效果更好，因为避免了无意义的装饰对展示信息的干扰，进一步突出内容的作用。展示空间是诱人而富有魅力的，优秀的自然交互形式在影响观众情感方面扮演着重要的角色，观众可以在惊讶、恐惧、钦佩中感知和学习。正确使用声光电渲染氛围，可以进一步调动观众的情感参与。与此同时，传感算法可以测量观众的情绪反应，如兴奋和注意力，通过评估数据来判断审美价值。

### （二）人体工学

博物馆自然交互的人体工学（Ergonomics）评估，主要是看自然交互展项的使用方式是否能够适合人体的自然形态。其目的是尽可

[1] Luis A., et al., Natural Interaction and Movement Paradigms: A Comparison of Usability for a Kinect Enabled Museum Installation. *International Conference on Learning and Collaboration Technologies,* 2016.

能让观众在使用过程中减少疲劳，避免主动适应设备而造成的身心不便。人体工学的评估内容主要是针对自然交互的造型设计的，包括界面中的各种控件、图标、说明文字等控件的位置和大小等因素。人体工学是跨学科知识的应用，基于合理的评估和设计，可以让博物馆自然交互在效率、安全、健康、舒适等方面显著提高。

（三）空间协调

自然交互的自然性肇始于观众与博物馆展示环境之间的共生关系，这种共生关系是设计的起点、评估的试金石、初步成功的决定因素。环境与观众的共生概念在人机交互设计和评估领域越来越受到关注。博物馆自然交互设计中观众和展示环境之间良好的共生关系首先要从该环境会引发的操作开始。其次考虑展示的形态，包括交互界面设计、展示的呈现方式（技术模态）、观众互动姿势等，用来交互的界面元素应该尽量少。最后思考如何在逻辑上扩展交互，能够轻易习得新的操作模式，呈现意料之中的结果。

自然交互展项向观众展示传播内容只是博物馆展览空间所需求的功能，但博物馆并非只有展示环境。在公共环境，自然交互设备可以在观众休息时提供休闲服务；在社交环境，自然交互设备可以让观众聚到一起促进交流；在零售环境，自然交互设备协助观众进行消费。但这也不代表自然交互在特定空间只能执行特定功能，博物馆自然交互可以是智能的，任意功能可以在任意空间中执行，功能不必按空间进行分离。

# 第三节　评估方法分类

## 一、分类研究

在评估博物馆自然交互时，需要针对博物馆展览的展示内容和观众体验进行有针对性的评估，同时还应基于人机交互的评估基础进行考量。评估既不能忽视博物馆展览这个应用环境，也不能忽略博物馆自然交互系统所依赖的技术支持。

罗森（Rosson）与卡罗尔（Carroll）把人机交互评估方法分为分析法（analytic method）和经验法（empirical method）两类[1]。分析法通常是定量的评估，通过模型对设计内容进行系统的检查，如诉求分析（claims analysis）、可用性诊查（usability inspections）和一些数学模型（如 GOMS 模型）的应用等。经验法通常是定性的评估，通过观察和访问对用户的信息进行分析，典型的方法包括实验室可用性测试（laboratory usability testing）、放声思考（think aloud）、问卷（questionnaires）和访谈（interviews）等。

为了更直观地呈现各种评估方法的异同，克里斯蒂安·罗勒（Christian Rohrer）用图表的方式将常用的用户研究方法进行了汇总[2]。表中的纵坐标为数据来源，横坐标为研究手段，不同形状和颜色的图形标志代表了用户的使用情况（图 24）。

从数据来源看，红色图标表示基于脚本的使用方式，均是关于用户行为的研究，例如实验室可用性研究、实验室可用性基准测试、设限的远程可用性研究、不设限的远程小组研究、不设限的用户体验研究；黄色图标表示脱离情境或不使用，均是关于观众态度的研究，例如焦点小组、访谈、卡片分类、邮件调查；蓝色图标表示混合型的使用方式，也是关于观众态度的研究，例如参与性设计、概念测试、合意性研究；绿色图标表示自然使用的方式，在观众行为和态度的象限都有分布，例如点击流分析、多变量测试、真实意图研究、日记或相机研究、用户反馈、拦截性调查。其中，民族志田野调查介于行为和态度之间。从研究手段看，定量间接的方法偏少，例如点击流分析、多变量测试、真实意图研究、拦截性调查，也有一些介于定量间接和定性直接的方法，例如概念测试、合意性研究、卡片分类，其他的均为定性直接的方法。

[1] Rosson M. B., Carroll J. M., *Usability Engineering: Scenario-based Development of Human Computer Interaction*. Morgan Kaufmann Publishers Inc., 2002.

[2] Rohrer C., When to Use Which User Experience Research Methods. https://www.nngroup.com/articles/which-ux-research-methods/. 2014-10-12.

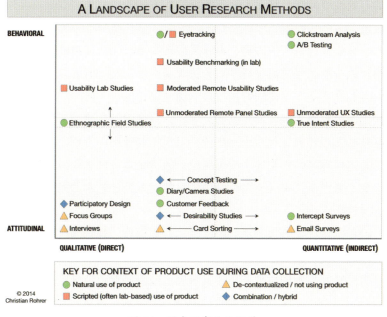

图 24　用户研究方法汇总

## 二、分类小结

在上述各种评估方法中，每种方法都具有其独特的特点和适用场景[1]。有些方法研究客观的行为，有些方法研究主观的态度；有些方法是定量测量，有些方法是定性判断；有些方法只关注用户，其他方法则需要专家的参与；有些方法使用原型进行评估，有些方法则使用真机，甚至还有一些方法尚未应用。

根据我国博物馆自然交互发展的现状和未来发展趋势，我们需要总结出一套适用于自身实际的评估体系，整合各种评估方法以满足不同阶段的评估需求。我们需要坚持不懈地研究各种评估方法的特点与区别，以及如何解释由它们得出的结论，如何提升这些方法

[1] Hartson H. R., Andre T. S., et al., Criteria for Evaluating Usability Evaluation Methods. *International Journal of Human-Computer Interaction,* 2001.

的有效性等问题，从而不断丰富评估的方法论，并为实践提供使用规范。

在定性评估方法方面，可以采用观察法、用户反馈法和焦点小组讨论等。观察法通过观察和分析观众在参与互动时的自然行为、语言和态度等，以评估博物馆自然交互设计的互动效果。用户反馈法则通过收集参观者的意见和反馈，评估博物馆自然交互展示的交互性和参观体验，包括用户体验、可用性和效果等方面。焦点小组讨论是一种半结构化的小规模讨论，通过聚集一些志同道合的用户组成专家团队，来深入探讨博物馆自然交互设计技术的问题和改进方向等。

在定量评估方法方面，可以采用问卷调查、观众测试和用户行为数据分析等。问卷调查通过设计合适的问卷，收集参观者对博物馆自然交互展示的意见和反馈，对展示效果和参观者满意度等方面进行定量分析。观众测试则通过招募一定数量的观众，利用各种测试工具和方法来验证博物馆自然交互设计技术的易用性、稳定性和互动效果等。而用户行为数据分析法则通过收集观察参观者的行为数据，如进出行为、停留时间和参与互动次数等，以分析博物馆自然交互展示的互动性和展示效果。

笔者将博物馆自然交互的评估方法分为观察测试（testing）、专家评审（inspection）、调查询问（inquiry）三大类。这样的分类可以更好地对于不同类型的评估工作进行描述和组织。此外，借助人工智能和机器学习技术，可以智能分析采集到的观众数据和反馈，从而进行自我评估。这些评估工作可以依托第三方机构和成熟的软件平台，可能会更加有效。综合各种评估方法、持续研究评估方法的特点与区别，并针对自身实际情况不断丰富评估方法论，将有助于我们更全面地评估博物馆自然交互，并为实践提供规范和指导。

# 第四节　评估方法的应用

## 一、观察测试

观察测试是通过观察观众来测试博物馆自然交互，从而进行评估。主要在博物馆自然交互完成后进行，也发生在设计与开发的过程阶段。主要介绍实验室可用性测试、现场观察法、个人意涵图、放声思考法这四种。

### （一）现场观察法

现场观察法是发现与使用环境有关问题的最佳手段，通过观察观众的参观行为以及对博物馆自然交互的使用情况来进行评估。在博物馆展览的评估中，现场观察法一直以来都非常受欢迎。1916 年，吉尔曼（Benjamin Ives Gilman）开展了关于"博物馆疲劳"的研究，他选择了一名观众，观察他看展品和说明牌的过程，并拍摄了 30 个不舒适的博物馆观展姿势。根据这些观察结果，吉尔曼提出了对展柜的改进意见，这被认为是对展览最早的评估[1]。20 世纪 70 年代，跟踪观察法（Tracing Observation）开始兴起，帕森斯（Parsons）和卢米斯（Loomis）借此着重研究观众的参观路线。20 世纪 90 年代，瑟雷尔（Serrell）在跟踪观察法的基础上，提出计时跟踪法（Timing and Tracking）的概念，强调了记录观众的参观时间，以及对观众的不干扰。门宁格（Menninger）最早提出了"观众衰减曲线（Visitor Decay Curves）"的概念，可以通过图表看出观众留在展览中留存时间的"半衰期"。以图 25 为例，半衰期从几分钟到接近四十分钟不等[2]。

海伦·夏普（Helen Sharp）等人认为，进行现场观察法需要执行三个步骤：首先要明确初步的研究目标和问题，然后选择一个框架用于指导现场观察活动，最后决定观察数据的记录方式，比如笔记、

[1]　Gilman B. I., Museum fatigue. *Scientific Monthly*, 1916.

[2]　George E. Hein, *Learning in the Museum*. New York: Routledge, 1998.

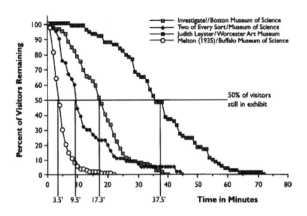

Figure 6.4 Comparative visitor decay curves

图25　四个博物馆展览的观众衰减曲线比较

录音、摄像等[1]。

　　观察者首先要努力获得观众的认可和信任。最好能够提前与观众培养良好的合作关系，安排固定的时间、场所进行会面也有助于增进彼此的了解。观察者要随和，并谨慎处理一些敏感问题，避免冒犯被观察者，让被观察者感到舒适。观察者还应避免只关注更容易接近的那些人，而应注意所有的可能被观察者。要尽可能从不同的维度进行观察，避免只专注于特定的行为。从不同的层次进行观察，将有不同的发现。在进行现场观察时，观察者自始至终应尽量保持安静，目的是让被观察者感觉不到观察者的存在，以便反映被观察者的实际状态。

　　观察类型和观察技巧决定了能否有效采集数据，而数据记录方式和后续数据分析决定了评估的有效程度。在记录和检查笔记的过程中，应区分个人意见和观察数据，并明确标注需要进一步了解的事项。在现场观察过程中，数据的收集和分析工作在很大程度上是并行的。在分析和检查观察数据的过程中，应适当调整研究重点。经过一段时间的观察，应找出值得关注的现象并逐步明确问题，用

[1]　Sharp H., Rogers Y., et al., *Interaction Design: Beyond Human-Computer Interaction*. New York: John Wiley & Sons, Inc., 2015.

于指导进一步观察。在观察和记录完成之后，观察者最好能够与被观察者共同检查所记录的笔记和其他数据内容，目的是通过研究细节，确保正确理解各种现象，以及发现记录中的不确定之处。最后，要注重团队合作，通过比较不同评估人员的记录，得到更为可信的结果。

### （二）个人意涵图

与现场观察法关注观众的行为相比，个人意涵图（Personal Meaning Mapping）关注的是观众在参观博物馆前后，在认知、情感、态度等方面发生的变化。测量并记录观众在参观展览前后的智识变化是博物馆关于教育成果研究的重要内容，个人意涵图就是为了掌握博物馆传播效果而进行的针对观众研究的方法。

个人意涵图利用相对建构主义（Relativist-Constructivist），而不是实证行为主义（Positivist-Behaviorist）来衡量学习。具体来说，与正式教育不同，观众的学习成果不是特定的客观概念，更多的是无法预料的，在参观过程中逐渐建构的个人的、有条件的、特殊的认知和体验内容。个人意涵图首先让观众在参观博物馆前，就主题关键词写下所有能够想到的、与之相关的概念。在参观完成之后，再次要求被试者对概念进行删减和补充。观众完成后，最好能够要求观众解释其绘制的个人意涵图，以及为何做出这些特定选择和关联。观察者可以在此阶段在图中增添更多注释，以提供更清晰的关联思路。

分析个人意涵图需要通过前后两图的区别来解析观众在博物馆中的智识变化。具体来说，个人意涵图可以从五个方面进行分析：一是相关概念数量（quantity），计算连接到目标短语的词汇数量，以此洞悉观众的认知；二是概念范围（range），将各短语按概念进行分类，计算类别数量；三是理解深度（depth），分析短语的细节和复杂性，可能包括用于描述概念的词汇水平；四是情绪回应程度（degree），评估带有主观色彩词汇的情感程度，判断是积极还是消极；五是关联结构（structure），分析链接到目标短语的具体脉络，了解观众的理解深度和思考的组织程度。下面以一位教师在参观伯明翰民权运动博物馆前后分别绘制的个人意涵图为例进行分析（图 26）。

通过比较这位教师参观前后的个人意涵图可以看出，在参观后，描述的词汇有显著增加，表明他对民权运动的了解更加广泛和详细。同时，这位观众对主题的理解更加井井有条。参观前的次级主题为"种族隔离""伯明翰的首次爆发""乔治·华莱士政府""马丁·路德·金""罗莎·帕克斯""蒙哥马利抵制运动""塞尔玛·蒙哥马利的游行"这些零碎的概念，而在参观后，次级主题归变为"游行和集会""暴力""种族隔离""那个时代的人"，表明观众将分散的诸多概念进行了有效整理。

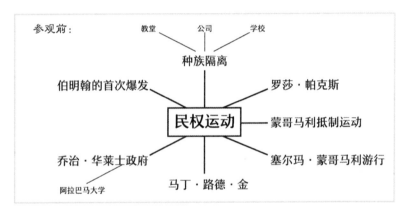

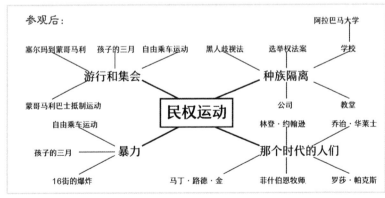

图 26 "伯明翰民权运动博物馆参观前后"个人意涵图

### （三）实验室可用性测试

实验室可用性测试是在带有特定设备的环境下，通过观察观众如何使用被测的自然交互系统，从而发现确定的问题。通过提供可控的评估环境，实验室可用性测试能更好控制变量，对不同观众的使用情况进行比较，从而得出结论。但因为脱离了博物馆展览的场景，并且通常会带有特定的测试任务，观众的操作可能会与在实际博物馆场景的行为有所区别。

不同实验室的场地设计和布局有很大的不同。实验室通常有一个或几个测试区，用户在测试区使用被测试的系统进行测试，还有一个或几个控制区，用于工作人员监视和观察测试情况。为了避免干扰测试对象，控制区和测试区应该分开。实验室里必须配备计算机和操作平台以运行被测试的条件，根据需要还可以配备特殊软件来捕捉和监视键盘、鼠标及屏幕的活动。控制区中除了配备计算机外还应该有监视器、视频合成器、录音录像设备及其他事件记录与分析的设备，该类设备主要用于记录测试过程以备事后分析。

### （四）放声思考法

放声思考法也称为边做边说法。观众要一边体验原型或是真机，一边大声地说出自己看到的、听到的、想到的和所有感受到的内容。在测试过程中，测试者要观察观众，并记录观众的言行举止，试图发现观众的真实想法。这种方法成本低、实施简单、学习也快，并通常能够发现其他测试方法不能发现的问题。尽管采用放声思考法或许能够得到最贴近观众真实想法的第一手资料，但是观众也因为这种违背常规的操作方式，容易出现紧张、语塞，或是口是心非的情况。为了避免被试观众陷入沉思不予回复的情况，测试者需要给予引导和鼓励。通过随机应变，尽可能采集观众的实验信息。


## 二、专家评审

专家评审更多的是依赖专家对展项本身进行评估。主要在博物馆自然交互设计与开发的过程中进行，也发生在完成后。主要介绍启发式评估法、模型分析法、步进评估法这三种。

（一）启发式评估法

尼尔森（Nielsen）和麦克（Mack）开发的启发式评估法，首先需要让专家提供一套"启发式原则"的设计指南，然后再将评估对象与之比较，从而根据是否吻合原则的指标来进行评估[1]。启发式评估法与其他技术相比，既不需要针对用户进行评估，也不需要特殊的场地和设备，所以面临的实际问题较少，方便快捷成本低，因此又被称为经济评估法。

启发式评估能够用于评估原型、故事板和最终的自然交互系统，是一种灵活而又相当廉价的方法，对评估博物馆自然交互的早期设计很有用处。但是"启发式原则"的提出并非易事，它是针对具体场景，基于诸多实际问题的分析而得到的[2]。海伦·夏普等人就列举了十条比较常用的启发式原则，描述了自然交互系统常见的一些设计原则：系统状态的可视性，即用户能够获得有效提示、指导、并能掌握系统的运行情况；系统与真实世界不唐突，界面使用的语言简单明了，用户能熟悉系统使用的词汇、习惯用语和概念；用户的控制权及自主权，能轻松了解出现异常情况的原因；一致性和标准化，相似操作的执行方式应该相同；帮助用户识别、诊断和修复错误，提供有用的错误提示信息，使用简单明了的语言描述问题的性质和解决方法；预防错误，容易出错的地方及原因；依赖识别而非记忆，对象、动作和选项清晰可见；使用灵活性及有效性，让用户尽可能快速有效地执行任务；最小化设计，去除一些不必要或不相关的冗余信息；帮助文档信息要容易理解并易于检索[3]。

[1]  Nielsen J., Mack R. L., *Usability Inspection Method.* New York: John Wiley & Sons, Inc., 1994.

[2]  董建明等：《人机交互：以用户为中心的设计和评估》，清华大学出版社，2016 年。

[3]  Sharp H., Rogers Y., et al., *Interaction Design: Beyond Human-Computer Interaction.* New York: John Wiley & Sons, Inc., 2015.

（二）模型分析法

模型分析法用一些标准模型来评估人机交互的过程。最典型的就是 GOMS 模型，还有 LOTOS（Language Of Temporal Ordering Specification）模型、MVC（Model-View-Controller）模型、UAN 模型等。

GOMS 模型由斯图尔特·卡德（Stuart K. Card）、托马斯·莫兰（Thomas P. Moran）、艾伦·纽厄尔（Allen Newell）于 1983 年提出，是早期人机交互领域应用十分广泛的用户模型。GOMS 模型用于描述用户行为：目标（Goal）定义了要实现的事务；操作者（Operator）在任务中进行一系列的行为；方法（Method）描述了实现目标的过程；选择（Selection）是用户需要遵守的规则，是前提条件。GOMS 模型能精确分析、描述用户使用系统的过程，从而评估不同解决方案在时效上的相对有效性。

（三）步进评估法

步进评估法主要是用来发现观众第一次使用系统时可能遇到的问题，特别适用于像博物馆展览这样的没有任何提前培训的自然交互系统。观众使用这样的系统时，需要在学习自然用户界面的过程中学习如何使用系统。步进评估法需要一位评估专家来担任体验者，通过代入第一次体验博物馆自然交互的观众角色，在逐步操作中发现各种可能会遇到的问题。

步进评估法中，评审专家可以由博物馆的相关领域专家、IT 工程师、互动设计师、用户研究人员、科普教育工作者等人组成。在评审过程中，专家们可以从多个角度出发，对博物馆的自然交互设计进行深入的讨论与剖析。例如，从用户体验、教育效果、技术可靠性、美学感受等不同方面进行评估。评估的结果可以很快反馈给设计团队，对自然交互的设计进行优化和调整。通过这种评估方法，评审专家可以为博物馆的自然交互设计提供重要的参考和建议，而设计团队也可以通过这种方式进行不断改进和完善，实现博物馆自然交互设计技术的精细化、可持续化发展。

# 三、调查询问

调查询问（inquiry）是调查者向观众询问想法和意见，通过对话记录进行分析。调查的可操作性强，博物馆的大多数员工都能成为调查者，对进行评价分析的人员业务素质要求也不苛刻，普遍适用于各种类型的博物馆。以下主要介绍问卷调查、访谈与焦点小组这三种方法。

## （一）问卷调查

问卷是一种研究工具，由一系列问题和相关提示组成，目的是从受访者那里收集信息。问卷是由伦敦统计协会于 1838 年发明的。与其他类型的调查方法相比，问卷调查应用最为广泛，因为它不仅成本低，也不需要与观众进行针对问题的交流，并且通常具有标准化的答案，更加简化数据的整理和分析。但是，由于给出的答案可能无法准确表示正常所需的答案，因此这种标准化的答案可能会使观众感到沮丧。由于受访者必须能够阅读并回答问题，因此问卷调查对受访者也有一定的读写要求，因此，问卷调查进并不适合所有的人群。

博物馆最常见的问卷是关于观众满意度调查的。针对博物馆自然交互，问卷调查的内容应该与评估的目标吻合，尽可能全面地关注内容、观众、技术三个层面的内容。

## （二）访谈

访谈可视为"有目的的对话过程"。访谈的问题要简短、明确。在开展访谈时，可借鉴的指导原则如下：避免使用过长的问题，因为它们不便于记忆；尽量把复杂的问题分解为简单问题；避免使用受访者无法理解的语言，或是让受访者感到尴尬的词汇；避免提出诱导性的问题；避免在问题中掺杂自身偏见 [1]。

丰塔纳（Fontana）和弗雷（Frey）把访谈的类型分为非结构化（或

---

[1] Robson C., *Real World Research*. New York: John Wiley & Sons, Inc., 2011.

开放式）访谈、结构化访谈、半结构化访谈和集体访谈四种[1]。所谓的结构化，就是指预先确定的问题框架。而集体访谈与前三者的区别就在于这是小组讨论，访问者成了讨论的主持人。访谈虽然能对问题进行更为详尽的探讨，但是可能会占用被调查者过多的时间。

（三）焦点小组

作为集体访谈的一种形式，焦点小组（Focus groups）由一个经过训练的主持人以一种半结构访谈的形式与一群观众进行交谈。通过围绕中心主题的讨论，可以得出关于问题更为深入的理解。进行问卷调查时，用户可以在不需要研究人员在场的情况下独立填写问卷，而访谈与焦点小组需要有一名采访者或主持人。一般来说，访谈与焦点小组所花费的时间比问卷调查要多，得到的数据也是定性的，分析时会受研究人员主观因素的影响。如果最终目的是获得确切的数据，那么问卷调查的方法会更好一些。有时也会将这几种方法结合起来使用。

在评估展品的设计效果和用户体验时，可以采用访谈调查。首先，进行访谈调查的计划和设计。研究人员确定访谈的目的和问题，招募实际参观者，并进行规范化的访问程序。然后，通过诱导式提问和半结构化访谈，记录下参观者的反馈和评价等信息。例如，参观者的兴趣程度、理解度、使用方式以及情感体验等方面进行评价。通过访谈调查，研究人员可以更好地了解到参观者的反应和需求，从而改进展品的设计和体验。最后，研究人员将数据整理并进行分析，得出评估结果。例如，通过访谈调查的评估方法，可以了解到参观者对于"熔岩喷发"交互展品的感受和期望，提供有力的反馈和建议，进一步优化展品的设计和互动效果，提升用户的满意度和体验。

---

[1]  Fontana A., Frey J. H., *The Interviewing: From Structured Questions to Negotiated Text*. Thousand Oaks: SAGE Publications, Inc., 2000.

# 第五节 小 结

博物馆自然交互的评估体系应以目标和方法为导向。评估涉及什么、如何进行评估、谁来负责执行评估、谁来审查结果、被试者是谁、如何进行分析，这些问题表明博物馆自然交互的评估是一项综合性的活动，需要综合各方面的意见以寻求平衡。

博物馆自然交互的评估主要从内容、观众和技术三个层面进行。内容层面主要评估传播目的的优劣、是否关联传播目的、能否有效促进传播；观众层面以观众研究为主，不仅要分析客观数据，也要研究观众的主观感受，综合评估博物馆自然交互对观众认知、体验、情感等方面的影响；技术层面主要以评估自然交互系统的可用性为主；此外，还可对设计美学、人体工学、空间协调等次要方面进行评估。

不同类型的评估方法在博物馆自然交互开发周期的不同阶段各有其优势和劣势。要考虑到被测试系统的特点、使用情境、各种资源限制（成本、生产周期、人力资源等）和后期数据分析等诸多因素。博物馆自然交互的评估方法要针对特定的目标进行实际应用，总体可以分为观察测试、专家评审、调查询问三大类。总体来看，博物馆自然交互的评估方法需要博物馆学、计算机科学、心理学、设计学等多学科的理论支持，并将随着相关学科研究工作的深入而持续发展。

# 第七章 结论和未来展望

## 第一节 研究结论

近年来，自然人机交互在发达国家如美国、日本和欧洲的博物馆展览中得到广泛应用。我国许多博物馆也进行了一些成功的尝试，尤其是自然科技类、艺术类和专题类博物馆。相对而言，历史人文类博物馆尚未充分应用自然人机交互技术。通过对当代博物馆展览中自然人机交互应用的背景、诱因、特点、类型和作用等进行分析，可以了解引入自然人机交互技术的必要性，并促进博物馆自然交互实践的健康有序发展。

传统博物馆展览常以器物分类、时间序列组织，存在着单一、线性、封闭等弊端。然而，当前社会的多元化表现不仅体现在物质生活和社会文化方面，也在于人们精神需求的多样性。如今，观众来到博物馆，不仅因为它是人类文明记忆的宝库，能满足学习认知的基本需求，还希望获得更多情感、记忆、参与互动、体验、社交甚至娱乐放松等多样化个性化的服务。

自然交互技术和科技的迅猛发展为博物馆展览中自然人机交互的实践应用创造了条件，带来了革命性的变化。随着自然交互技术的发展，人们在日常生活中常接触人脸识别、语音交互、多点触控等自然交互模式。在博物馆领域，自然用户界面的多感官、多维度、智能化与当代博物馆展览所表达的多元、互动、感知等认知需求相契合，因此备受策展人和观众的追捧。通过自然人机交互，观众可以探索古代遗迹，扮演电影角色，与历史名人对话，甚至在虚拟世界中畅游。沉浸式的交互体验尽可能地消除了观众与设备之间的隔阂，为观众带来更丰富、愉悦的感受，让观众享受与机器更加顺畅的互动。

博物馆自然交互兴起的原因可以从博物馆、社会环境和观众三个层面进行审视。首先是博物馆内部的因素，包括博物馆的变革与学科发展、对博物馆本体论的认知和身份界定的变化、博物馆学科发展以及新兴博物馆学潮流的推动、"博物馆化"的拓展和"情境主义"倾向等。这些方面促使了博物馆传统思维的解构，推动了博物馆物质文化观念的重建以及一系列关系的重组。作为博物馆的核心媒介，展览需要使用多样的技术来诠释多元的物质文化。其次，博物馆外部的社会环境变化也是一个重要因素。创新性的学习型社会以及社会互动传播时代的内在规律推动了博物馆自然交互技术的应用。科技创新成为博物馆自然交互技术应用的强大驱动力。最后，观众层面是由于人的发展和需求的变化。观众的价值观念和精神需求发生了变化，观众的认知由知识的"自我建构"转变为更多地参与互动体验的需求。当观众走进博物馆时，他们不再仅仅满足于获取知识、浏览和欣赏展品，而是希望获得更具互动性和个性化的服务，期望能够共同参与博物馆展览的策划和知识分享。以上种种因素都指向一个方向，即博物馆应该更加注重观众的参与，朝着多元化、互动性和体验性的发展方向前进。博物馆自然交互的兴起正是这些因素共同作用下的产物。

"博物馆自然交互"主要是指博物馆展览中的人机自然交互，也包括展览外的互动活动、导览装置、基于移动端的应用程序等博物馆中自然人机交互的应用。本书侧重于对博物馆展览中的自然交互的研究，即观众凭借自身已有的知识经验和交互技能，直接利用自身的身体组织输出信息，以自然用户界面作为交互媒介，和博物馆展项发生的人机交互。其交互方式是多通道并行的，交互内容是智能非精确的，交互界面是直观易用的，交互环境是仿真沉浸式的。博物馆自然交互具有自然性、高效性、隐匿性、隐含性的特征。完整的博物馆自然交互由传感模块、处理模块和效应模块构成，分别负责信息的输入、处理和输出。博物馆自然交互类型的研究通过结合博物馆展览中的自然交互应用案例进行，主要包括基于计算机视觉、听觉、触觉、嗅觉和味觉、多模态交互等类型，每种类型下又有多种交互技术模式。比如，基于视觉的交互类型又可分为手势识别、体势识别、人脸识别、眼动追踪等多种技术模式。博物馆自然交互需要充分利用观众的直觉本能、已有经验来降低学习成本和认知负荷，最终达成有效传播展示信息的要求。在信息互动传播时代，自然交互对观众有着持久的魅力。博物馆自然交互以"关注所有人的需求"为基本理念，力求将博物馆展览打造成学习、探索、放松的公共论坛和社会空间，在博物馆展览中营造更为真实的虚拟数字环境，使各种技术各尽其用，充分延伸和丰富观众的参观体验。

博物馆自然交互的理论基石是建构主义思想以及乔治·海因

（George E. Hein）在建构主义理论基础上提出的关于博物馆教育的"建构主义学习理论"。自然交互展项在博物馆展览中的本质是辅助媒介，其应用的目的是在展示环境与观众间建立双向沟通的互动通道，以促进教育传播目的的实现。通过对不同类型博物馆展览中的自然交互展项的应用案例研究，可以看出自然交互在博物馆中实践产生的影响是正向积极的。其作用主要体现在五个方面。一是促进观众认知，有助于传播目的实现。自然交互式展览是通过观众参与互动和体验来实现的，是一个边体验边学习的过程，打破了传统展览将观众隔开所带来的疏离感。国内外博物馆学和认知心理学的多项研究证实，观众亲手操作或采用交互设备与交互展项进行对话沟通，通过多感官交互，在参与互动过程中手脑并用，有利于促进观众对知识的认知和理解，提升观众对特定展项内容的情感和记忆水平，可以有效地激发观众的创造力和对未知世界探索的求知欲。二是搭建社交沟通平台，提升博物馆的亲和力。自然交互展项用户界面的易用性和自然性，可以降低观众的认知负荷，易于上手，适于不同年龄段的观众人群共同参与互动体验，这有益于增进观众之间的沟通和交流，促进社会成员或家庭成员之间的情感交流，使博物馆充分发挥教育传播功能的同时，还构建了一个社会全体成员都乐于参与的公共社交空间，吸引观众重复来参观体验。三是丰富参观体验，有助于内容传播。博物馆自然交互运用自然人机交互技术，构建了一个个丰富多彩的、与现实世界相联系又有所区别的虚拟世界，使博物馆展览呈现方式和技术手段更加多元化、个性化，是与当下信息互动传播时代相适应的一种传播模式。这种亲自动手操作、类似游戏形式的学习方式更易于被观众接受，改变了传统博物馆原有的静态、单一、线性的展览模式，信息表达阐释和呈现方式更加注重情境和观众表达，寓教于乐，使观众在无缝体验中获得非侵入式的、沉浸式的交互体验，给观众带来超越现实的、情境化的体验，有助于增强对传播内容和知识的理解。四是提供信息表达和访问的强大工具，有助于双向沟通反馈。博物馆自然交互是多通道的信息交互，为观众参与互动体验时的行动提供强有力的反馈引导。五是促进跨文化交流。借助多媒体技术和语音识别技术等交互技术，观众可以通过触摸屏等交互设备，自由选择自己熟悉或感兴趣的展览语言。同时，自然语言识别技术的运用，为观众提供了便捷的语音交互方式，观众通过语音识别设备与展览系统进行沟通和互动，获取相关的展览信息和解读内容。通过自然人机交互的应用，博物馆能够为观众提供多语言展览和交流的机会，促进跨文化交流和相互理解。这种交互方式不仅能够降低语言交流的障碍，还能够提供更自然和便捷的参观体验，使观众能够更好地融入展览环境和文化背景中。此外，博物馆也可通过注意力跟踪等方式对交互展项做出科学的效果评价。

博物馆自然交互是一个由传播内容、观众体验和技术依托三个维度共同组成的有机整体。博物馆自然交互设计主导思想是要确立"以观众为核心，以目标和问题为导向"的设计理念，明确设计目标和所要解决的问题，制定有针对性的设计任务书、工作流程和设计方案。交互设计是对观众与交互展项的关系研究，即明晰用户、场景、媒介、行为、目的这五要素的过程，应该围绕博物馆自然交互设计的三个维度，即传播内容、观众研究和技术依托，构建总体框架。是否符合传播目的是博物馆自然交互设计成败的决定性因素，而用户体验研究则是核心方法，它既包括用户分析和人因研究，也包括产品的发散、设计、测试和迭代。要以观众为中心，做好观众研究工作。基于观众学习、社交、情感体验需求进行研发。

博物馆自然交互具有较强的人文关怀，博物馆作为非正式教育机构，自然人机交互的去中介、无显性干扰的特点，对博物馆观众较为友好，吸引力大。尽管自然交互的形式纷繁复杂，但对于博物馆展览来说，展示与诠释应当从传播内容与表达策略出发，技术形式应当为内容服务。博物馆自然交互所使用的技术并不能定义系统的性质，技术只是创造交流空间或人工制品的工具。与早期的界面相比，如今的界面朝着与人类感知特性更加一致的方向发展。博物馆自然交互不应由某一种具体的技术来代表，交互模式是解决问题的媒介，而不是问题本身。要解决如何让无数的智能设备与博物馆展示环境和谐共生，才能更好地服务观众。为此，要探寻博物馆自然交互的设计方法论，寻找解决设计问题行之有效的方法。为了更好地服务观众，实现传播目的，达成教育目标，博物馆还要针对自然交互系统建立一套行之有效的运营管理方法。要充分发挥博物馆自然交互所独有的传播优势，在吸引观众的同时做好运营和管理工作，保障良好的参与体验。

博物馆自然交互设计是否达到设计目标和各项预期，系统的各项效益需要通过综合评估来衡量。博物馆自然交互的评估体系以目标和方法为导向，需要内部和外部的双重评估。外部评估关注社会影响力、文化宣传力、公众认可度、行业声誉等内容，相对主观，涉及面广，评估难度高，尚未列入本书研究的视野。内部评估主要从内容、观众、技术、其他四个层面进行评估。内容层面主要评估传播目的优劣、传播目的关联性，能否促进内容传播。观众层面以观众研究为主，分参与前、参与中和参与后三个阶段，对博物馆自然交互在观众认知、体验、情感等方面的影响进行评估。参与前的内容主要为观众结构分析、参与动机、预期效果等；参与中的内容主要为观察言谈举止、关注注意力分布、记录体验用时、评估认知效果等；参与后的内容主要为观众满意度、重复参观率、观众反馈、长期受益影响等。技术层面主要以评估自然交互系统的可用性为主。此外，还可对设计美学、人体工学、空间协调等次要方面进行评估。博物馆自然交互的评估方法比较繁复，从我国应用实践来看，总体可以分为观察测试、专家评审、调查询问三大类。人机交互的评估方法需要多学科的理论支持，并随着相关学科研究工作的深入而持续发展。

博物馆自然人机交互研究是一个崭新的研究领域，相关理论的探讨尚属起步阶段，虽然本书做了较为全面的探究，但理论的系统性和关联性还有待深入。同时，对技术层面的更精准把握，亦有待更多的成熟案例的检验和实践经验的提炼。未来研究应更注重对博物馆自然交互应用的主题关联性研究，针对不同类型博物馆展览以及不同的目标观众群体开展有针对性的自然交互展项设计和开发，以满足多样性需求。对于自然人机交互在人文历史类博物馆展览的设计与开发，应该尝试给出针对特定问题的解决方案。通过加强对实际应用案例评估机制的探索，建立一套适合我国国情的设计评估体系。

## 第二节　未来展望

随着博物馆和文化机构的数字化发展，自然交互技术已成为展示和传承文化遗产的重要手段。人工智能技术与自然交互技术相结合，让传承和发扬文化遗产效率更高、效果更好。例如，在博物馆展览中，可以利用智能导游、语音互动等技术，为观众提供更好的参观体验；利用虚拟现实、增强现实等技术，可以模拟历史场景、生动展示文化故事；利用可穿戴智能设备，可以增加展览交互性和参与度。在博物馆自然交互设计中，利用云计算等技术，可以实现文化资源数字化和共享，促进文化创意的创造和应用。

从人机交互的自适应性与个性化角度来看，博物馆自然交互未来的发展趋势是越来越注重个性化服务和自适应性，以更好地融入文化的展示与传播中。博物馆自然交互应用将根据参观者的兴趣、需求、文化背景等因素，推送针对性的信息和展示。比如，在展览地图中根据参观者的行走路线及时推送相关展品介绍；在互动体验中根据参观者的语言、习惯和年龄段，提供不同的交互方式和游戏设计。参观者可以选择更多的互动体验项目，参加专属的文化活动和工作坊，或者利用交互应用创意将参观过程记录下来。总的来说，博物馆自然交互未来的发展方向是以人为中心、注重个性化需求和自适应服务，以更好地融入文化的展示与传播中。

博物馆自然交互技术应用现已涵盖了触觉、视觉、听觉、嗅觉、肢体动作、眼动跟踪等多感官交互模态。未来，随着计算机自然语音识别处理技术和人工智能的发展，博物馆自然交互多模态技术的应用将越来越普遍，技术也将越来越成熟，向智能化和自适应化方向发展，并实现更好的交互体验。例如，在互动展览中，通过自然语言、触摸、挥手等方式与展品互动将成为常态；在多媒体演示中，通过烟雾、灯光等方式营造出更加逼真的场景氛围，观众在展览过程中，不仅可以看、听、玩，还可以闻气味、尝味道，与名人面对面地对话交流和互动，在多媒体互动中，人工智能将根据参观者的眼神、表情和语言等感知信息，自适应调整展示和互动方式。可以预见，未来博物馆自然交互应用将更多地采用人工智能、虚拟和增强现实等技术。人工智能技术将成为博物馆多模态感知与交互设计的重要技术支撑。博物馆可以利用人工智能技术来分析观众的参观行为和相关数据，提高观众的满意度和体验。他们也可以利用智能语音交互技术实现多语种语音导览、语音互动等功能。

随着博物馆和文化机构数字化发展，自然交互技术已成为展示和传承文化遗产的重要手段。人工智能技术与自然交互技术相结合，让传承和发扬文化遗产效率更高、效果更好。例如，在博物馆展览中，可以利用智能导游、语音互动等技术，为观众提供更好的参观体验；利用虚拟现实、增强现实等技术，可以模拟历史场景、生动展示文化故事；利用可穿戴智能设备，可以增加展览交互性和参与度。在博物馆自然交互设计中，利用云计算等技术，可以实现文化资源数字化和共享，促进文化创意的创造和应用。可以预见，人工智能技术和文化价值的融合将在未来一系列新的实践案例和商业模式中得到实践。

物联网是将各种信息传感设备与网络相结合而形成的巨大网络，可以实现任何时间、任何地点，人、机、物的互联互通。借助信息传感设备，物体与网络相连接，并通过信息传播媒介进行信息交换和通信，以实现智能化识别、定位、跟踪、监管等功能。在物联网的大环境下，博物馆的自然人机交互技术可以更好地融入智慧博物馆的建设中。通过将展品、参观者和智能设备连接到物联网上，可以实现更丰富、个性化的交互体验。例如，参观者可以通过智能设备获取与展品相关的深度信息，并与其他参观者分享交流；智能导览系统可以根据参观者的位置和兴趣，推荐最适合他们的展品和解说；参观者可以通过智能手机或个人设备参与互动游戏，与其他参观者竞争或合作。

　　此外，随着人工智能技术的不断发展，博物馆的自然人机交互技术也将朝着智能化方向发展。例如，利用人工智能技术，可以实现对观众的情感和行为的感知和分析，从而更好地满足观众的需求；利用深度学习和机器学习技术，可以实现对观众兴趣和偏好的预测和推荐，为观众提供个性化的参观体验。

　　总之，博物馆的自然人机交互技术在物联网和人工智能的支持下，有着广阔的发展前景。通过将技术和文化相结合，可以创造出更加沉浸式、个性化的参观体验，促进文化的传承和发展。同时，博物馆还需要关注隐私和数据安全等问题，保护观众的个人信息，确保交互体验的安全性和可靠性。

**图书在版编目（ＣＩＰ）数据**

青年缪斯：浙江省博物馆青年课题项目研究成果．

II／浙江省博物馆编．--北京：文物出版社，2024.

5. -- ISBN 978-7-5010-8453-1

Ⅰ．G269.2—53

中国国家版本馆 CIP 数据核字第 20240TB697 号

青年缪斯：浙江省博物馆青年课题项目研究成果II

编　　者：浙江省博物馆

责任编辑：耿瑷洁　安艳娇

责任印制：张道奇

出版发行：文物出版社有限公司

社　　址：北京市东城区东直门内北小街 2 号楼

邮　　编：100007

网　　址：http://www.wenwu.com

经　　销：新华书店

装帧设计：杭州乾嘉文化艺术有限公司

印　　刷：杭州捷派印务有限公司

开　　本：889mm×1194mm　1/32

印　　张：5.5

版　　次：2024 年 5 月第 1 版

印　　次：2024 年 5 月第 1 次印刷

书　　号：ISBN 978-7-5010-8453-1

定　　价：58.00 元